Klaus Ferdinand Gärditz

Staat und Strafrechtspflege

Schönburger Gespräche zu Recht und Staat

herausgegeben von

Otto Depenheuer

und

Christoph Grabenwarter

Bd. 25

2015

Ferdinand Schöningh

Klaus Ferdinand Gärditz

Staat und Strafrechtspflege

Braucht die Verfassungstheorie einen Begriff von Strafe?

2015

Ferdinand Schöningh

Bibliografische Information der Deutschen Nationalbibliothek

Die Deutsche Nationalbibliothek verzeichnet diese Publikation
in der Deutschen Nationalbibliografie;
detaillierte bibliografische Daten sind im Internet
über http://dnb.d-nb.de abrufbar.

(Verlag Ferdinand Schöningh GmbH & Co. KG,
Jühenplatz 1, D-33098 Paderborn)

Internet: www.schoeningh.de

Printed in Germany
Satz: Martin Mellen, Bielefeld
Einbandgestaltung: Evelyn Ziegler, München
Herstellung: Ferdinand Schöningh GmbH & Co. KG, Paderborn

ISBN 978-3-506-78411-7

Übersicht

Kaspar, RW 16, 293

I
Die wissenschaftliche Entkopplung von Staat, Verfassung und Strafrechtspflege

Moderne Verfassungen setzen zwar durchweg die Existenz des Strafrechts als legitimes staatliches Reaktionsinstrument voraus und hegen es rechtsstaatlich ein.[1] Über Detailfragen einer höchst unvollkommenen[2] Verfassungsdogmatik hinaus fehlt es jedoch – trotz der Vielfalt der Theorieangebote der Strafrechtswissenschaft – an einem eigenständigen, rechtsformbezogenen[3] Begriff vom Strafrecht mit einem hintergründigen Freiheitskonzept[4] von verfassungstheoretischem Beschreibungswert.[5] In den der deutschen Rechtswissenschaft eigentümlichen Staatslehren wird das Strafrecht nicht oder bestenfalls kursorisch gestreift.[6] In neueren verfassungs- bzw. legitimationstheoretischen Diskursen spielt es keine Rolle.[7] Dies war nicht immer so.[8] Die politische Theorie widmete lange Zeit traditionell gerade der

Strafgewalt (als deutlichster Ausprägung von Herrschaftsgewalt) besondere Aufmerksamkeit.[9]

Längst hat sich die Strafrechtswissenschaft bedingt durch eine doktrinäre Säulenarchitektur[10] – wissenschaftssoziologisch betrachtet – von der Mutterdisziplin des Öffentlichen Rechts und deren Theoriebildung weitgehend abgekoppelt, was in dieser Trennschärfe auch im Rechtswissenschaftsvergleich[11] eher einen deutschen Sonderweg markiert. Die Konstitutionalisierung des Strafrechts[12] ist zwar ubiquitär, hat aber weder die vorkonstitutionellen Basisstrukturen des Strafrechts überwunden,[13] noch die hintergründigen theoretischen Diskurse verkoppelt.

1. Verkopplungspotentiale

Damit stellt sich die Frage: Ist es für eine Staatsrechtslehre, die ihren eigenständigen Verfassungstheoriebedarf befriedigen will, lohnenswert, sich mit dem Strafrecht zu befassen?[14] Kernaufgaben einer Verfassungstheorie als zur Verfassungsdogmatik komplementäre Beobachtungsdisziplin[15] sind vor allem das kontextualisierende Begründen und das kontrastierende Bewerten von Verfassungsinhalten jenseits der anwendungsorientierten Ebene der Rechtsdogmatik.[16] Hierzu rechnen namentlich legitimations- und herrschaftstheoretische Fragen, eine juristische Institutionen-Theorie, die differenzierte Funktionsbedingungen rechtlichen Entscheidens erklären und mit Legitimationskonzepten verknüpfen kann,[17] aber auch eine kontextbezogene und relationale Pfadanalyse der Wandlungsprozesse einer Rechtsordnung[18]. Eine prozedurale Außenperspektive[19] eröffnet Möglichkeiten, Institutionen des Rechts – wie das Strafrecht – außerhalb ihrer juristischen Entscheidungs- und Geltungsperspektive auf Funktionen, Wirkungsbeziehungen und Bedeutungskontexte zu untersuchen.[20]

Für all dies verspricht die Einbeziehung der Strafrechtspflege prima facie Erträge, schon weil das Strafrecht institutionell voraussetzungsvoll ist, Konfliktlinien im Staat-Bürger-Verhältnis mit besonderer Schärfe abbildet und es sich eine vergleichsweise enge Anbindung an den Staat bewahrt hat, die dem Verwaltungsrecht graduell abhandengekommen ist. Strafbegründungstheorien sind konzentrierte Herrschaftsbegründungen,[21] wie sie Verfassungen ganz allgemein als legitimierenden Unterbau fundieren[22]. Die Rechtfertigung von Strafe erweist sich daher als ein sozialphilosophisches sowie politisch-theoretisches Laboratorium. Vom Kontraktualismus über den Idealismus, Liberalismus, Kommunitarismus und Marxismus bis hin zur Gendertheorie wurde die Strafrechtspflege legitimiert, delegitimiert, konstruiert und dekonstruiert. Verfassungstheoretische

Anschlussfragen drängen sich auf: Warum bedient sich der demokratische Rechtsstaat zur Stabilisierung seiner Ordnung des instrumentellen Gerechtigkeitsfossils der Strafe und welche Rolle spielt diese im System institutionalisierter Herrschaft? Warum gerade der Staat? Erfüllt das Strafrecht eine politische Ordnungsfunktion,[23] die Aufschlüsse über Rechts- und Freiheitsverständnisse hinter der verfassten Gesamtrechtsordnung zulässt? Welche Verfassungsvoraussetzungen und -erwartungen[24] verbinden sich mit dem Einsatz von Rechtsstrafe? Kurzum: Es soll also im Folgenden um die – von einzelnen Verfassungsnormen abstrahierte, insoweit hintergründige[25] – verfassungstheoretische Funktion der Strafe im demokratischen Rechtsstaat gehen.

2. Ubiquität der Strafform – Fragmentierung des Sinnzusammenhangs

Die vordemokratisch gewachsenen Strukturen der Strafrechtspflege nehmen eine institutionelle und legitimatorische Sonderrolle innerhalb des demokratischen Rechtsstaats ein. So bildet die global etablierte Gerichtsförmlichkeit von Strafe eine (noch immer unzureichend begründete) Krümmung im allgemeinen Legitimationsgerüst.[26] Das Strafrecht stellt zudem Herausforderungen an die verfassungstheoretische

Integration, weil es gerade kein Proprium des demokratischen Rechtsstaats ist, und eine vorpositiv konstruierte,[27] rechtssystemindifferente Sprache spricht. Gänzlich unterschiedliche Rechtsordnungen bedienen sich der Symbolik der staatlichen Strafe, um gesellschaftliche Normen primärer Ordnung durch eine sekundäre, akzessorische und insoweit dienend-instrumentelle punitive Normordnung[28] durchzusetzen. Auch wenn Strafe sehr unterschiedlich legitimiert wird[29] – etwa theologisch, freiheitsphilosophisch, zweckrational – und ihr damit auch eine unterschiedliche Bedeutung zuzuschreiben ist, bleibt doch der von den durchgesetzten Normen abstrahierte punitive Zweck universell verstehbar.[30] Strafen im demokratischen Rechtsstaat, nach dem religiösen Recht der Scharia[31], dem rechtsmultikulturellen Völkerstrafrecht[32], dem Recht eines antiken Sklavenhalterstaates[33] oder der Volksrepublik China[34] ist als Strafrechtspflege mit einem gemeinsamen sozialen Basissinn erkennbar[35] und insoweit vergleichbar. Und ungeachtet eines verbreiteten Lamentierens über das Strafrecht als Freiheitsgefährdung, als Grundstein einer Disziplinargesellschaft[36] oder als Instrument der Klassenherrschaft haben weder liberale noch sozialistische Staaten[37] jemals ernsthaft erwogen, das Strafrecht abzuschaffen. Dem *Marx*schen Diktum, die Statistik und die Geschichte bewiesen, »daß die Welt seit Kain durch Strafen weder gebessert noch eingeschüchtert worden ist«,[38] trotzt die unheilschwangere Vorahnung, dass die Welt ohne Strafrecht wohl noch viel schlechter wäre. Andere Formen sozialer Kontrolle[39], die sehr viel weniger freiheitlich wären, würden an die Stelle des staatlich organisierten und eingehegten Strafrechts treten.[40]

Die formale Bindung an das Gesetz – als solche Voraussetzung jeder freiheitlichen Ordnung – ist universalisierbar; die Freiheitlichkeit einer Rechtsordnung zeigt sich dann vor allem im Inhalt des Rechts.[41] Ist Strafe nach alledem ubiquitär, müssen sich verfassungsrechtliche Systementscheidungen in Legitimation und Inhalt der angewandten Normen, sowie – und zwar ganz entscheidend[42] – im institutionellen Rahmen der Rechtsanwendung, in der Ausdifferenzierung strafrechtsspezifischer Organisationen und Verfahren,[43] zeigen. Gerade am Strafrechtssystem lässt sich der Charakter einer Rechtsordnung ablesen.[44] Strafe selbst ist Sinnzuschreibung, die erst vom Recht erzeugt wird.[45] Mit *Günther Jakobs*: »Welchen Inhalt und welche Aufgabe Strafe hat, lässt sich – auch beschränkt auf staatliche Strafe – nicht unabhängig vom Bestand der Ordnung ausmachen, in der gestraft wird, und auch nicht unabhängig von der Verständigung über den Sinn dieser Ordnung.«[46] Welcher innere normative Sinn der äußeren Form der Strafe gesellschaftlich zugeschrieben wird, lässt sich daher auch nicht von den konstitutionellen Grundentscheidungen einer Rechtsordnung abstrahieren. Verfassunggebung ist wiederum situationsgebunden und kontextbezogen;[47] sie steht in einer begrifflichen Kontinuität zu vorgefundenen Formen des Rechts, die teils durch Positivierung aufgesogen,[48] teils vorausgesetzt werden. Dies zeigt gerade das Strafrecht.

II
Institutionelle Ausdifferenzierung des modernen Staates und Verstaatlichung der Strafrechtspflege

Strafrechtspflege ist eine staatliche Veranstaltung. Die öffentliche Institutionalisierung von Strafe ist auf das Engste verbunden mit der Herausbildung moderner Staatsfunktionen.[49] Pönalisierung ist zwar schon immer dort denkbar, wo – jedenfalls situativ – eine disziplinierende Gewalt bzw. anerkannte Streitentscheidungsautorität besteht.[50] In vorstaatlichen Rechtssystemen war Strafe im Kern ein privates Entschädigungsrecht zur Vermeidung von Blutrache.[51] Und auch primitive Rechtsgemeinschaften sind Zwangsordnungen, die sich vom ›modernen‹ Staat nur durch einen geringeren Grad institutioneller und arbeitsteiliger Ausdifferenzierung unterscheiden.[52] Strafrechtspflege als öffentliche Angelegenheit setzt jedoch in besonderem Maße Prozesse der institutionellen Ausdifferenzierung voraus, die individueller Verantwortlichkeit und sozialer Kontrolle, die ein modernes Strafrecht im Kern ausmachen, erst einen verlässlichen Rahmen vermitteln.[53] Dass das kanonische Straf- und Strafprozessrecht[54] hier zum Vorreiter werden konnte, verdankt es im Wesentlichen einem staatsanalogen Grad funktionell differenzierter Institutionen[55], worin sich einmal mehr die allgemeine institutionelle Vorbildrolle der Kirchenordnung für den modernen Staat[56] spiegelt. Die Formierung moderner Staaten ist wiederum ein Prozess der Territorialisierung,[57] die eine stabile Verankerung institutionell gegliederter Herrschaft[58] – und damit den allgemeinen Prozess der Verstaatlichung der Rechtspflege[59] – erst ermöglichte. Die Herausbildung komplexer Staatsorganisation wird daher begleitet von einer schubweisen Modernisierung der Strafrechtspflege,[60] verbunden mit einer umfassenden Publifizierung[61], Zentralisierung und staatlichen Monopolisierung der Strafgewalt. Die zivilistische Figur des staatlichen Straf*anspruchs* löst als Konsequenz des Souveränitätsanspruchs territorialer Herrschaftsgewalt ein privates Satisfaktionsmodell ab.[62]

Hierbei ist es geblieben: Überkommene Staatstheorie mag durch die rasante Überformung mit nichtstaatlichen Herrschaftsverhältnissen[63] an Überzeugungskraft eingebüßt haben.[64] Jedenfalls im Strafrecht ist die alte Welt staatszentrierter Herrschaftsarchitektur weitgehend – sieht man von peripheren Akzentverschiebungen ab (sub IX.) – erhalten geblieben. Die Strafrechtspflege bleibt unmittelbarste Emanation staatlicher Rechtsdurchsetzung, Archetyp der Sanktion,[65] das »schärfste Schwert im Arsenal des Rechts«[66]. Die Strafgewalt berührt daher zugleich basale Legitimationsprobleme staatlicher Herrschaft. Der messerscharfe Distinktionsanspruch ist das Brennglas kollidierender Interessen von individueller Freiheit und staatlichem Zwang.[67] Das Strafrecht trieb aus diesem Grund von Anfang an im Fluss der Staatszwecklehren.[68] Und es hat lange gedauert, bis sich überhaupt strafrechtsspezifische Begründungsmuster von den allgemeinen Staatszwecken emanzipieren konnten.[69]

III
Institutionelles Strafrecht als Staatssymbolik

Strafrecht lässt sich nur institutionell legitimieren,[70] weil Strafe ihren (primären) Sinn aus einer sozialen Kommunikationsfunktion bezieht.[71] Die Zuschreibung, die den sozialen Sinn von Strafe verständlich macht, wird erst durch Institutionen ermöglicht, die durch Formalisierung sozialer Kontrolle[72] Strafe als Rechtspflege in eine prozedurale Formensprache zwängen, erfahrbar und damit kommunikativ anschlussfähig machen.[73] Strafe ohne institutionelle Bindung ist schlichte Gewalt. Lynchjustiz, Blutrache und Haberfeldtreiben[74] werden als Abweichungen von der legalen sozialen Kontrolle sichtbar, ihre sozialen Funktionen diskreditiert. Die institutionelle Abhängigkeit strafrechtlicher Kommunikation zeigt sich nicht zuletzt negativ dort, wo sie scheitert: Missverständnisse und eine Entfremdung vom Recht gerade durch inadäquate formale Institutionalisierung sind eine verbreitete post-koloniale Erfahrung.[75] Und dorthin, wo sich eine Diaspora wirksam abschottet, dringt die Strafrechtspflege nur noch begrenzt sozialkommunikativ vor, während sich zugleich eigene – staatsferne – Codes der sozialen Kontrolle herausbilden.

1. Öffentlicher Strafprozess als Kommunikationsformat

Die Form der Institutionalisierung von Konflikten ist für die konstitutionell vorausgesetzte Befriedungsfunktion daher nicht minder wichtig als der Inhalt der stabilisierten Sozialnormen.[76] Die Pflege des Rechts ist, damit sie gesellschaftliche Selbstvergewisserung erleichtern und sozialen Sinn stiften kann, auf einen hohen Grad an Symbolsprache angewiesen.[77] Das Strafverfahren hat mit seiner eigentümlichen – letztlich volksnahen – Formensprache hierbei unter allen Verfahren, in denen sich Herrschaftsgewalt ausdrückt, den Grad formeller Symbolisierung und Inszenierung am weitesten zur Blüte getrieben.[78] Entformalisierungen ist gerade die Verfassungsrechtsprechung – meist unter Inanspruchnahme des Rechtsstaatsprinzips als Schleuse zur Normativierung traditionsgebundener Verfassungserwartungen – beharrlich entgegengetreten.[79]

Strafrecht ist in einer säkularen Gesellschaft, die ihre Institutionen kühl durchrationalisiert hat, damit eine verbliebene Wärmequelle gesellschaftlich integrierender Symbolik geblieben, die über eine schlichte Setzung von Rechtsfolgen hinausgreift. Öffentliche Repräsentation, wie sie nicht zuletzt in Zitierung des Demokratieprinzips durch Urteile »im Namen des Volkes«[80] stattfindet, erfolgt im Strafverfahren nicht nur beiläufig, sondern macht überhaupt erst die primäre Funktion des Verfahrens aus. Strafrecht ist normative Kommunikation,[81] die erst die Matrix für sekundäre Präventionsziele bildet. Die Öffentlichkeit des Verfahrens sichert einen Erfahrungsraum normativer Kommunikation.[82] Anders als andere Formen öffentlicher Gewalt, die auf Realwirkungen zielen, kann das Strafrecht auf öffentliche Symbolik nicht verzichten.[83] Strafrecht rückt daher eher in den Kontext allgemeiner Staatssymbolik[84], um deren theoretische Verarbeitung in einer gelebten Staatsverfassung sich überkommene Integrationslehren immerhin bemüht haben,[85] als in die Funktionslogik sicherheitsrelevanter Verbrechensbekämpfung. Die Leistungsfähigkeit der Symbolik schwindet zugleich mit einer Entformalisierung und Bürokratisierung hin zu einem schlichten Kriminalitätsverwaltungsrecht,[86] was verfassungsrechtlich dann eigene Konflikte auslöst (sub IV. 2.–3.).

2. Aktualisierung des Gewaltmonopols und Stabilisierung normativer Erwartungssicherheit

Strafrechtspflege ist zudem Antwort auf illegale Gewaltanmaßung im weiteren Sinne, um die normative Deutungsmacht des Staates wiederherzustellen. Das damit adressierte Gewaltmonopol des Staates ist Rechtsmonopol, also die Kompetenz, Gewaltakte verbindlich als rechtswidrig oder rechtmäßig zu qualifizieren.[87] Normative Verhaltenserwartungen erfüllen ihren Sinn, Orientierung in der Welt zumindest zu erleichtern, nur dann, wenn sie regelmäßig und nicht lediglich zufällig durch einzelne Individuen befolgt werden.[88] Die Regelhaftigkeit des – nie vollständigen – Ausschlusses privater Gewalt durch eine staatlich monopolisierte Rechtspflege[89] bedarf, wenn die dahinter stehende Ordnungsfunktion sozial wirksam sein soll, einer Sichtbarmachung, die wiederum institutionell voraussetzungsvoll ist. Zwar kommt das Rechtsmonopol des Staates in allen rechtlich institutionalisierten Verfahren zum Tragen.[90] Die Stabilisierung normativer Erwartungen ist kein Proprium des Strafrechts – die Zivil- und Verwaltungsrechtspflege leistet ihr Entsprechendes. Jedoch fällt der Strafrechtspflege auf Grund ihrer sozialkommunikativen Eindruckskraft und einer Konzentration auf das Wesentliche eine Sonderrolle zu, eine institutionelle Leistung, die andere staatliche Verfahren nicht ohne weiteres übernehmen können.[91] Auf Strafrechtspflege kann eine Rechtsordnung daher kaum verzichten.[92] Es nimmt nicht wunder, dass bei *Thomas Hobbes*, der nicht nur einen radikalen Realschutz durch eine konzentrierte öffentliche Gewalt propagierte, sondern mit einem nüchtern-wahrheitsabstinenten Positivismus zugleich eine Sozialphilosophie des modernen Rechtsstaats als Rechts- und Entscheidungsinhalt in nuce formuliert hat,[93] gerade das Strafrecht eine prominente Rolle spielte.[94]

3. Die Organisation der Strafrechtspflege als Abbild staatskonstitutiver Systementscheidungen

Die justizielle Organisation der Strafrechtspflege spiegelt Verfassungserwartungen an die Rolle von Staatlichkeit: Der neutrale, zur Objektivität verpflichtete Staatsanwalt[95] symbolisiert ein Staatsbild, das mit der – im Kern gut begründeten – Tradition des Berufsbeamtentums verbunden ist, das als rechtsstaatliches Gegengewicht zum politischen Kräftespiel fungiert,[96] bisweilen aber auch gepflegten Aversionen gegen offene politische Konflikte zupass kommt. Die vordemokratischen Institutionen des Liberalismus wurden – als systemindifferente Instrumente praktischer Rechtlichkeit[97] – in den Dienst des demokratischen Rechtsstaats gestellt, entfalten aber gerade hier Überzeugungskraft.[98] »A Sinne is not onely a Transgression of a Law but also any Contempt of the Legislator«[99] – diese *Hobbes*sche Erklärung der Strafgewalt, die ihrerseits nur eine Säkularisierung des kanonischen *contemptus Dei*[100] ist, ermöglicht Anschluss für jeden Gesetzgeber, auch den demokratischen. Der überkommene institutionelle Etatismus wiederum erlaubt eine harmonische Verankerung der Strafrechtspflege in einer – keineswegs stabilen[101] – repräsentativ-demokratischen Legitimationsmatrix.[102] Zugleich wird in der Strafrechtspflege der höchste Grad der Entpolitisierung öffentlicher Gewalt erreicht. Und wenn einmal (regelwidrig) das Strafrecht politisiert, die institutionelle Neutralitätserwartung also enttäuscht wird, trifft dies das Selbstverständnis wie die gesellschaftliche Wahrnehmung ins Mark – Hannover lässt grüßen.

Gerade die oft deutlichen Kontraste von Verfahren und Institutionen der Strafrechtspflege im Rechtsvergleich[103] sind verfassungstheoretisch aufschlussreich: Dass etwa die Anklagevertretung in England und Wales von der staatlichen Strafverfolgungsbehörde *Crown Prosecution Service* privaten Prozessanwälten (*barristers*) im adversarischen Parteiprozess anvertraut wird,[104] ist Abbild eines zivilen Gesellschafts- und Verfassungsmodells, in dem auch der Staat als Kategorie, Abstraktion und Fluchtpunkt des Öffentlichen Rechts eine eher marginale Rolle spielt[105]. Die Tatsachenfeststellung durch eine aus der örtlichen Gemeinschaft rekrutierte Jury ist Folge eines basis-kommunitären Modells der Strafrechtspflege, das stark auf der Zugehörigkeit zu einer lokalen Gemeinschaft beruht, dem Einzelnen die Möglichkeit lokaler Präsentation gibt (*day in court*) und die Kriminalisierung als Entgemeinschaftung Gleichen anvertraut. Und die Aufarbeitung von Verbrechen in öffentlichen Dorfversammlungen[106] spiegelt Traditionen entinstitutionalisierter Aussöhnungsgemeinschaften[107] – eine staatsferne, damit aber kulturell umso voraussetzungsvollere Form der Rechtspflege.

IV
Strafrecht als Spiegel des freiheitlichen Rechtsstaats

Ist das Strafrecht hiernach ein besonderes Kommunikationsformat institutionellen Rechts, lässt sich dann aus der Strafverfassung auch ein verfassungstheoretischer Beschreibungswert für das Freiheitsverständnis des demokratischen Rechtsstaats ableiten? Dies drängt sich zunächst nicht auf. Der Rechtsstaat rechnet primär in der Währung der *negativen* Freiheit.[108] Strafe ist hiernach ein rechtfertigungsbedürftiger Grundrechtseingriff, der nach immanenten Maßstäben zu bewerten ist: Der säkulare Verfassungsstaat vollendet den Autonomisierungsprozess des positiven Rechts, indem er Geltung nur noch nach den eigenen Rechtserzeugungsbedingungen anerkennt.[109] Vorpositives – die kulturellen und sozialphilosophischen Prämissen einer freiheitlichen Ordnung eingeschlossen – wird absorbiert und ventiliert sich allenfalls noch über eine kontextsensible Verfassungsinterpretation. Hintergründige Freiheitsideen verwirklichen sich mediatisiert durch (negative) grundrechtliche und (positive) demokratische Selbstbestimmung,[110] sind aber keine Ordnungsidee mit rechtsnormativem Geltungsanspruch. Und Vernünftigkeit ist kein Geltungsgrund. Für Emanationen einer holistischen metaphysischen Freiheitsidee, die – in idealistischer Tradition – oft in das Strafrecht projiziert wird,[111] belässt dies keinen Raum.

1. Strafrecht als Freiheitskonfliktverdichter

Strafrechts*entwicklung* im Verfassungsstaat ist freilich kein linearer Prozess, sondern eine kontinuierliche Neubestimmung des Verhältnisses »von individueller Verantwortung und Kontrolle des sozialen Verhaltens«.[112] Gerade aus diesem Grund ist die Strafverfassung – die konstitutionelle Einhegung des Strafrechtssystems – aber ein entscheidender Indikator des Staats- und Freiheitsverständnisses einer Rechtsordnung.[113] Das Strafrecht in seiner normativen Verdichtung und seiner Schärfe, Normbrüche zu verarbeiten, repräsentiert eine Rechtsordnung, es ›steht für das Ganze‹[114]. Gesamtgesellschaftliche, strukturprägende Relevanz erlangt das Strafrecht schon deshalb, weil jeder Pönalisierungsadressat werden kann.[115] Für die Tarierung, welche individuellen Freiheitsbeschränkungen eine Verfassung im Interesse (freiheitsermöglichender) Sicherheit hinzunehmen bereit ist,[116] hat gerade das Strafrecht auf Grund seiner existenziellen Eingriffsrationalität erheblichen Beobachtungswert. Dies zeigen etwa die Rolle des Beschuldigten/Angeklagten als Prozesssubjekt, die Öffentlichkeit des Verfahrens, die Rolle der Strafverfolgungsbehörden, der Grad der Moralisierung oder Rationalisierung der Straftatbestände[117] und die Tiefendimensionen des politischen Selbstschutzes durch Strafverfolgung. In keinem anderen Gebiet prallen staatlicher Zwang und private Freiheitsinteressen mit derartiger Wucht aufeinander. Strafrecht ist Freiheitskonfliktverdichter. Bürgerliche Freiheit hängt dann entscheidend von der »Trefflichkeit der Strafgesetze« (*Montesquieu*) ab.[118]

2. *Strafrecht als Verfassungsseismograph*

Die insoweit treffende *Roxinsche* Metapher vom »Strafverfahrensrecht als Seismograph der Staatsverfassung«[119] unterstreicht nicht nur die Freiheitssensitivität, sondern enthält gerade auch ein dynamisches Element.[120] In einer Verfassungsordnung, die Wertentscheidungen dem demokratischen Prozess anvertraut und Eigenleistungen der Rechtsanwendung organisiert, schwanken die relativen Wertigkeiten von Zwang und Freiheit. Am Strafrecht lassen sich daher gesellschaftliche Gesamtbefindlichkeiten, Sicherheitsbedürfnisse, Wahrnehmungen sozialer Vulnerabilität und Verunsicherungen ablesen.[121] Strafrechtsänderungen als Reaktionen auf Erschütterungen sozialen Vertrauens markieren Risikobewertungen, was eine Gesellschaft auszuhalten bereit ist und was nicht. Über die auf Außerrechtliches (Tatsachen, politische Präferenzen) verweisende und damit dynamisierte Verhältnismäßigkeit[122] kommt solchen Wertungen auch verfassungsnormative Bedeutung zu, die wiederum einer theoretischen Beobachtung im Zeitverlauf zugänglich ist.

Gerade im Strafrecht werden basale gesellschaftliche Werturteile und ihre Rückwirkungen auf den Umgang mit der Verhältnismäßigkeit sowie einer – über das Bestimmtheitsgebot operabel gemachten – gesellschaftlichen Bedeutungs(un)gewissheit[123] sichtbar: Homosexuellenparagraph[124], Abtreibungsstrafrecht[125], Inzestverbot[126], Religionsbeschimpfung,[127] Embryonenschutz, Betäubungsmittelkonsum,[128] Sitzblockaden[129] oder kommerzielle Suizidbeihilfe liefern Anschauungsmaterial für die Mechanik einer Konstitutionalisierung und De-Konstitutionalisierung öffentlicher Moral in der Kontrastierungsschärfe des Strafrechts. Dass sich etwa die relevanten Verfassungskonflikte zunehmend vom materiellen Recht ins Prozessrecht verlagert haben,[130] mag man zwar als

Indiz gesellschaftlicher Konsolidierung deuten. Diese Verschiebung ist aber auch Folge einer sicherheitspolitischen Instrumentalisierung des Strafverfahrens, dem – wieder einmal (historisch ist dies ja keineswegs ein Novum) – vermehrt polizeiliche Funktionen aufgebürdet werden, die Freiheitskonflikte verschärfen.[131] Mit den präventiven Straftheorien, die Strafrecht vor allem als soziales Interventionsrecht verstehen, verschwimmt auch der Kontrast zu polizeilichen Reaktionsinstrumenten; die Abgrenzung wird weniger kategorial als pragmatisch.[132] Grenzauflösungen zwischen Strafrecht und Gefahrenabwehr, zwischen Moral und Recht, zwischen Innen und Außen im modernen Interventionsstaat[133] markieren gerade argumentative Verschiebungen, die den Umgang mit sozialen Risiken und damit die freiheitliche Basisstruktur einer Rechtsordnung tangieren. Hieran lassen sich die Bewegungen beobachten, wie die Verfassungsrechtsanwendung auf neue Risikokonzepte reagiert und wie sich Argumentationsmuster – nicht zuletzt im Rahmen der Verhältnismäßigkeit – verändern.[134]

3. Freiheit durch Strafrecht: Subjektive Verantwortung versus Störerhaftung

Gerade das Verhältnis des Strafrechts zu anderen – nicht zuletzt polizeilichen – Reaktionen auf Normbrüche ist hierbei aussagekräftig. *Inhalte* der Verbotsnormen sind zwar aufschlussreich für das einer Rechtsordnung zugrunde liegende Freiheitsverständnis, jedoch gilt dies unabhängig von der damit verbundenen Sanktion. Auch ordnungsrechtliche Verbote beschränken Freiheit und sind zu rechtfertigen. Strafrechtliche Verbote sind daher häufig gerade deshalb aufgehoben worden, weil die zugrunde liegenden Ordnungsvorstellungen diskreditiert, Verbote also generell nicht zu rechtfertigen waren.[135] Dennoch fällt dem Strafrecht eine freiheitsrelevante Sonderrolle zu:

Dem Vertrauen auf die repressiven Reaktionsmechanismen des Strafrechts entspricht eine konkrete freiheitliche Risikozuweisung. Freiheitliche Rechtsordnungen sind immer riskante Ordnungen.[136] Strafrecht nimmt das Risiko von Freiheit bewusst in Kauf, weil es dem Einzelnen – in Absage an eine sozialtechnokratische Gestaltungshybris, aber auch im Kontrast zu (legitimen) präventiv-polizeilichen Ordnungsmustern[137] – die Freiheit seines Handelns belässt, ihn aber dafür auch *reaktiv* verantwortlich macht.[138] Rechtsstrafe ist die – insoweit solidarische[139] – Ernstnahme des Täters als kommunizierendes Subjekt,[140] das eigenverantwortlich handelt, dessen Tat auch in ihrer destruktiven Kraft als Konsequenz eines individuellen Ordnungsentwurfs gewürdigt wird und dem gerade deshalb normativ widersprochen werden muss. Der sozialphilosophische Paradigmenwechsel von einer paternalistischen Ordnung zu einer freiheitlichen Legitimation aus den »individuellen Selbstbestimmungspraxen des Menschen«, die den Einzelnen als Akteur sichtbar macht,[141] findet also im Strafrecht einen unverschleierten Ausdruck, der eine materiale Staatsidee abbildet.

Zugleich ist die hohe Formalisierung des gebändigten Rechtszwanges zur sozialen Kontrolle eine freiheitliche Eigenleistung des Rechtsstaates.[142] Strafrecht wird als Freiheitseinschränkung rechtsstaatlich umhegt, in seiner punitiven Urtümlichkeit unter Rationalitätsdruck gestellt und für eine freie Gesellschaft erträglich gemacht. Die Formen institutionalisierter Strafrechtspflege sind wiederum Konsequenz historisch erfahrungsgesättigten Misstrauens in Herrschaft. Und Misstrauen ist die Mutter sowohl des Rechtsstaats als auch der Demokratie. Der Verrechtlichungsanspruch staatsgebundener sozialer Kontrolle durch Strafrechtspflege nimmt dem Staat seine Bedrohlichkeit.[143] Er bewahrt den Einzelnen zugleich durch Mediatisierung und institutionelle Distanzierung[144] vor einer unmittelbaren Konfrontation mit Opfern, Volkszorn und Vorurteilen.

4. *Strafrecht als kommunitärer Restbestand im individualisierten Rechtsstaat*

Strafrecht ist einerseits herausgehoben kommunitär, weil seine Kommunikationsfunktionen ohne Modell einer materialen – sprich: über einen formalen Zweckverband hinausreichenden – Rechtsgemeinschaft nicht dauerhaft sozialen Sinn vermitteln könnten.[145] Die Straftat ist ein öffentlicher Akt, der nicht nur Täter und Opfer betrifft, sondern eine sozial verbundene Allgemeinheit und deren normative Integritätsinteressen.[146] Andererseits ist das Strafrecht in seiner engen Fokussierung auf die Verantwortlichkeit Einzelner für konkrete Handlungen – unter gezielter Ausblendung sozialer Makrokontexte – extrem individualisierend,[147] was legitimationstheoretisch alles andere als trivial ist.[148] Die ambivalente Bedeutung von Straftat und (responsiver) Strafe – individuell und zugleich allgemein[149] – spiegelt letztlich den rechtsstaatlich-demokratischen Dualismus von Herrschaftslegitimation: Auch wenn individuelle und kollektive Selbstbestimmung in einer gemeinsamen Freiheitsidee wurzeln,[150] bleibt die konkrete Inverhältnissetzung spannungsreich.[151] Strafe ist einer der intensivsten Freiheitseingriffe, den die Verfassung sanktioniert. Und dennoch erscheint eine Rechtsordnung, die auf gleicher Freiheit aller gründet, ohne Strafrecht kaum vorstellbar. Strafrecht als Kommunikationsordnung eines sozialen Minimums transportiert auch in einer liberalen Rechtsordnung, die auf einem Modell negativer Freiheit gründet, einen Restbestand republikanischer Gemeinschaft,[152] die auf ein hintergründiges Bild von positiver Freiheit als Voraussetzung freien Miteinanders nicht verzichten kann. Freiheit wird dann zur Freiheit durch das Gesetz.[153]

In einer Demokratie stehen Freiheit vor und Freiheit durch Herrschaft in einer dauerhaften, oszillierenden Konkurrenz.[154] Die Expansion der Strafrechtspflege[155] ist Messlatte der Resilienz einer Bürgergesellschaft gegenüber sozialen Erschütterungen. Gerade die Zurechnungslehren geben Aufschluss über gesellschaftlich-kulturelle Bedingungen,[156] die hinter einer Verfassung stehen, wie die Verkopplung von Menschenwürde und Schuld[157] illustriert. Die relative Gewichtung von Gemeinschaftsinteressen ist im Strafrecht traditionell besonders stark. So erklärt sich letztlich die Betonung des (von der Rechtsprechung vorausgesetzten, aber nie begründeten) verfassungsrechtlichen Eigenwerts effektiver Strafrechtspflege[158]. Eine besondere Gefahr im Strafrecht liegt dann in einer essentialistischen Übersteigerung des Bürgerstatus, die – *Rousseau*schen Tugendfuror weitertragend[159] – gerade die rechtsstaatliche Mechanik negativer Freiheit aushebeln kann.

5. Sanktionsform als soziale Botschaft

Das freiheitliche Selbstverständnis einer Rechtsordnung zeigt sich schließlich auch in der Form der Strafverhängung,[160] deren Grad öffentlicher Theatralik unmittelbar mit sozialen Erwartungshaltungen zusammenhängt.[161] Die Sanktion und ihre Bemessung sind Symbole, das Unwerturteil verständlich zu machen.[162] In sie eingeschrieben ist jeweils eine Institutionengeschichte: So wurden die teils drastischen Unterschiede in der Bestrafung zwischen den USA und Europa auch mit unterschiedlichen demokratischen Traditionen erklärt.[163] Etwa der Kampf gegen die Todesstrafe – unter dem Grundgesetz erfolgreich geführt[164] – rührt an den freiheitskulturellen Wurzeln einer Gesellschaft,[165] ist also mehr als Zurückdrängung von Brutalität durch Regelungstechnik. Das Spektrum verfassungsrechtlich zugelassener Sanktionsfolgen ist daher aufschlussreich für das hinter einer Verfassung liegende Menschenbild. Die an die Menschenwürde anknüpfende Einhegung der lebenslangen Freiheitsstrafe durch das BVerfG[166] hat dies gezeigt.

V
Strafrecht und Demokratie: eine nicht ganz einfache Beziehung

Ungeachtet dessen ist das Strafrecht vor allem deshalb eine Herausforderung für eine Demokratie geblieben, weil es seine soziale Symbol- und Überzeugungskraft aus vordemokratischen Bedeutungszuschreibungen bezieht. Während das Öffentliche Recht zunehmend legitimationstheoretische Fragen als metarechtlichen Reflexionsraum entdeckt, ist das Verhältnis von Strafrecht und Demokratie immer noch durch ein Miteinander-Fremdeln geprägt.[167] Es ist dekuvrierend, dass sich deutsche Straftheorien, wenn sie das politische System überhaupt thematisieren, allenfalls auf vordemokratische Traditionen eines idealisierten Rechtsstaats beziehen, die Funktionsbedingungen der Demokratie und die damit verbundenen Kontingenznotwendigkeiten aber durchweg ignorieren[168]. Die dominanten Strafrechtsphilosophien betrachten eine gerechte Ordnung eher als (bisweilen: längst abschließend gelöstes) Erkenntnisproblem und haben die Bedingungen freiheitlicher Rechtserzeugung im politischen Prozess nur selten im Blick. Die Anachronismen[169] theoretischer Demokratieabstinenz, metaphysischer Übersättigung und kultivierter Traditionsbefangenheit der Strafrechtswissenschaft – der lange Schatten des Idealismus[170] – erschweren so die Anschlussfähigkeit für eine legitimationsbasierte Verfassungstheorie, bieten aber auch analytische Kontrastperspektiven.

1. Die demokratische Funktionalisierbarkeit des Strafrechts

Demokratische Strafrechtsetzung bedeutet eine (verfassungsgebundene) Inhaltsbestimmung des Strafwürdigen, das nicht aus Höherem abgeleitet wird.[171] Der Staat schüttelt die Ketten der Metaphysik ab. Demokratie als kollektive Selbstbestimmung über Rechtsinhalte setzt die Positivität und damit politische Kontingenz des Rechts voraus.[172] Demokratisches Strafrecht kann folglich kein Abbild einer vorpolitischen Ordnung sein, schon weil sich eine solche Ordnung der Gestaltung in freier und gleicher Selbstbestimmung entzieht. Der für demokratische Verfahren unverzichtbare Voluntarismus verlangt politische Entscheidungen, »ohne sich externen Standards der Rationalität oder Moralität zu beugen«.[173] Demokratie ist daher auch Befreiung von den Gerechten.

a) Demokratische Kontingenz versus strafende Gerechtigkeit

Die Demokratie setzt ein von Selbstbestimmung angetriebenes Ordnen auf Zeit an die Stelle zeitloser, präeminenter Ordnungen und ihrer Gerechtigkeitsentwürfe. Und Grundrechte garantieren als Folge des Selbstbestimmungsanspruchs, nach der jeweils eigenen Fasson von Gerechtigkeit zu leben, vornehmlich Gerechtigkeitsabwehrrechte.[174] An die Stelle der Gerechtigkeit sind zur Eingriffsrechtfertigung hinreichende Sachgründe getreten, die aber in demokratischen Verfahren erst erzeugt werden müssen. *Auctoritas non veritas* ist Voraussetzung gleichermaßen von Rechtsstaat wie von Demokratie, macht aber Recht unvermeidbar zu etwas Instrumentellem,[175] Verhandelbarem[176]. Gesellschaftsfunktionalität[177] ist damit der Strafe im demokratischen Rechtsstaat, der Rechtsinhalte sowie »Gerechtigkeit« als etwas Kontingentes akzeptiert[178] und sich fortwährend um partikulare, relative sowie temporäre Gerechtigkeiten in offenen Verfahren bemüht,[179] sachimmanent eingeschrieben.[180]

Auch das Strafrecht – zunächst Projektionsfläche einer idealisierten Ordnungsidee des Rechtsstaats – wurde unvermeidbar in die Mechanik des modernen Sozial- und Verwaltungsstaats eingezogen.[181] Bemerkenswert bleibt, dass sich – hierzu gegenläufig – mit der umfassenden Funktionalisierung die wissenschaftlichen Pfade des Strafrechts und des zunehmend positivistischen Staatsrechts trennten. Gewiss gab es immer auch verfassungstheoretische Gegenbewegungen, die sich mit der kalten Reinheit eines positivistischen Rechtsverständnisses nicht abfinden und Ideale einer vorpositiven Richtigkeit in die Rechtsgeltung projizieren wollten.[182] Der praktische Erfolg des demokratischen Verfassungsstaats als *modus operandi* einer funktionierenden, institutionell wirksamen Freiheitsordnung hat solchen unproduktiven Sehnsüchten nach einem epistemologischen Rollback jedoch letztlich den Nährboden entzogen.[183] Dem Strafrecht, in idealistischen, vordemokratischen und antipositivistischen Traditionen tief verwurzelt, ist es hingegen nie wirklich gelungen, sich aus dem Griff der Metaphysik zu befreien. Es gründet auf Richtigkeitsannahmen, die dem positiven Recht vorgelagert sind, und markiert daher eine widerspenstige verfassungstheoretische Kontrastfläche zur modernen Rationalität institutioneller Rechtserzeugung.

b) Strafrechtspolitik

Grundsätzliche Konfliktlinien sind damit vorgezeichnet. Dass Strafrecht politisches Instrument demokratischer Gestaltung und damit auch das Produkt konfligierender politischer Interessen ist, wird meist negativ konnotiert,[184] obgleich gerade in Strafrechtspolitik[185] ein demokratischer Eigenwert liegt[186]. Rechtsetzung im demokratischen Rechtsstaat strebt nicht nach Idealen, sondern folgt einem perspektivischen Realismus,[187] der Kontingenz von Wertungen und Interessenkonflikte nicht pathologisiert, sondern als Normalfall akzeptiert, für den pluralistische Entscheidungsverfahren zugeschnitten sind. Gerade hierdurch zollt der Verfassungsstaat seiner hintergründigen Freiheitsidee Respekt. Definition des Strafbaren und Ausgestaltung der Straftatbestände ist dann in erster Linie dem demokratischen Gesetzgeber überantwortet.[188]

Straftatbestände zur Risikoeindämmung, zur Terrorismusbekämpfung[189], zur Durchsetzung des Verwaltungsrechts[190] oder zum Staatsschutz[191] sind keine Anomalien oder gar prekäre Übergriffe, sondern im Ausgangspunkt zunächst einmal legitime demokratische Entscheidungen, mittels derer auf Unsicherheiten sehr unterschiedlich und eben instrumentell reagiert wird[192]. Bereits ein flüchtiger Blick in das Nebenstraf- und Ordnungswidrigkeitenrecht –

beides keine Materien, die auf breite akademische Wertschätzung verweisen können – würde den ungebändigten Gestaltungswillen des demokratischen Gesetzgebers erkennen lassen, der sich dann auch an seiner Entscheidung zur Kriminalisierung festhalten lassen muss. Beharrliche Versuche, den vorpositiven Gerechtigkeitsanspruch der Strafe instrumenteller Nüchternheit zu entziehen,[193] sind zum Scheitern verurteilt, und manches Wehklagen über eine anspruchslose, inkonsequente, unfreiheitliche und systemfreie Strafgesetzgebung – meist verklärt durch frühliberale Rechtsstaatsromantik – verbirgt auch ein Leiden an der Demokratie.[194] Parallelen zum argumentativen Frontverlauf im Steuerverfassungsrecht, das den gefühlt zweitschmerzhaftesten Freiheitseingriff umhegt, sind auffällig.[195] Die Nähe einer philosophisch operierenden Strafrechtswissenschaft zu deliberativen Demokratiemodellen[196] – im Kern der Versuch, einen Rest Philosophenkönigtum in die Moderne zu retten – ist kein Zufall. Anti-voluntaristische Umdeutungsversuche der Demokratie in ein Verfahren zur Findung materialer Gerechtigkeit und szientistischer Wille zur Definitionsmacht sind zwei Seiten einer Medaille. In letzter Konsequenz wären dann demokratische Verfahren ein bloßes Ritual, das man getrost durch Kant- oder Hegelstudien ersetzen könnte – eine offene Desavouierung demokratischer Gleichheit[197].

c) Soziale Stabilität des Vorpositiven als Trägheit des Rechts

Nun wäre es für eine kontextsensible Verfassungstheorie zu einfach, die Vorbefindlichkeiten einer gewachsenen Strafrechtskultur einfach zu ignorieren. Die soziale Stabilität des Strafrechts und seine Gerechtigkeitsrhetorik sind nur Ausdruck der allgemeinen Trägheit jeder Rechtsordnung, deren Inhalte zwar beliebig bestimmt, aber praktisch nicht beliebig bestimmbar sind[198]. Auch der demokratische Rechtsstaat, dessen Selbstbestimmungsparadigma auf der Änderbarkeit des Rechts gründet, muss auf Selbstverständlichkeiten vertrauen können,[199] ohne in ein vorpolitisches Ordo-Denken zurückzufallen. Mit dem Strafrecht steht ein verfassungsrechtlich sanktioniertes Instrument zur Verfügung, dessen urtümliche Reaktionsmechanismen derart stabil akzeptiert sind, dass sie kraft ihrer Symbolmächtigkeit sinnvoll eingesetzt werden können, ohne dem Gesetzgeber Rechenschaft über Funktion und Nützlichkeit von Strafe abzuverlangen. Selbstvergewisserung durch Strafrecht ist billig zu haben. Das traditionsbeladene, trotz inhaltlicher Anpassungen durch alle Systembrüche mitgetragene Strafrecht ist damit aber auch Pegelstandsanzeiger der Abhängigkeit des demokratischen Rechtsstaats von gesellschaftlicher Anschlussfähigkeit und damit von vordemokratischen Wurzeln einer präter-rationalen Symbolik und Ritualisierung.[200]

2. *Die instrumentelle Relativität demokratischen Strafrechts*

Die Instrumentalität, die das Strafrecht annimmt, relativiert allerdings seine Bedeutung innerhalb der Gesamtrechtsordnung, die natürlich schon immer mehr als Strafrecht war.[201] Die Rechtsordnung lässt sich nicht vom Strafrecht aus denken.[202] Der moderne Verwaltungsstaat hat das Strafrecht aus dem Mittelpunkt der Rechtsordnung gedrängt, die schon epistemisch kompromisshafte Demokratie das Strafrecht zu einem gesellschaftlichen Instrument unter vielen gemacht, das eher einen bürgerlichen Ausnahmefall betrifft. Der – rechtlich kaum operable – Ultima-ratio-Gedanke[203] illustriert gleichermaßen die fortbestehende Wichtigkeit wie die periphere Positionierung des Strafrechts – auch dies ein Fortschrittsindikator[204]. Die Leistungsfähigkeit demokratischer Rechtsetzung lässt sich auch daran ablesen, dass sie passgenaue Problemlösungen neben ideologisch überhöhter Privatrechtsordnung und strafrechtlicher Pönalisierung entwickelt. Der abstrahierte Zweck der Normstabilisation beschreibt keine exklusive Funktion des Strafrechts. Normgeltung wird etwa auch vor Zivil- und Verwaltungsgerichten sozialkommunikativ und kontrafaktisch bestätigt. Punitive Instrumente der Zivilrechtspflege (etwa die Vertragsstrafe, *punitive damages*[205]) verstärken Funktionen instrumenteller Durchsetzung abstrakt-genereller Normbeachtung über den Schadensfall hinaus.[206] Und Personalität im Recht wird nicht erst durch strafrechtliche Anerkennung begründet. Nichts anderes gilt für das konzeptionell vergleichsweise schlichte Präventionsparadigma: Prävention ist rechtsgebietsübergreifender Sanktionszweck,[207] universalisiertes Paradigma der Gesellschaft[208]. Gerade diese am ehesten rationalisierbare Strafbegründung entkleidet das Strafrecht seiner Besonderheiten, macht es zu etwas Ubiquitärem und fügt es ein in den Kanon vielfältiger Instrumente staatlicher Konflikterledigung, zwischen bauaufsichtlicher Abrissverfügung, Platzverweis und Rückruf pestizidbelasteter Lebensmittel.

Strafrechtspflege ist eine mit anderen Zielen – nicht zuletzt um Finanzmittel – konkurrierende Aufgabe,[209] die mit dem Übergang vom liberalen Minimalstaat zum sozialen Interventionsstaat aus der Systemmitte der normativen Ordnung in die Peripherie gerückt ist. Dies spiegelt sich auch in der Gesetzgebung und den von ihr ausgelösten Verfassungskonflikten: Die gesellschaftlich prägenden Reformen der letzten zwei Jahrzehnte waren vielfältig, aber durchweg nicht strafrechtlicher Provenienz: Hartz-IV-Gesetze;

Eingetragene Lebenspartnerschaft; Auslandseinsätze der Bundeswehr; Ausbau der Kinderbetreuung; Elterngeld; Betreuungsgeld; Asylkompromiss; Energiewende; Finanzkrise; europäische Integration. Es liegt auf der Hand, dass dann auch die konstitutionellen Koordinaten des Strafrechts – irrlichternden Kontinuitätssehnsüchten zum Trotz – im sozialen und demokratischen Rechtsstaat[210] anders zu bestimmen sind als im Kaiserreich. Der unbedingte Durchsetzungsanspruch einer auf materieller Wahrheit gründenden Strafgerechtigkeit darf zugunsten flexiblerer – so man will: stärker administrativer – Instrumente zurücktreten.[211] Man mag dies rechtsethisch kritisieren; verfassungsrechtlich sind solche Aufweichungen der Strafrechtsfunktionen kaum angreifbar, verfassungstheoretisch sind sie konsequent.

VI
Die verfassungsstaatliche Ordnungsfunktion des Strafrechts

Trotz allem stellt sich die Frage: Braucht der demokratische Rechtsstaat das Strafrecht? Oder gibt es jedenfalls einen demokratie-spezifischen Nutzen der vordemokratischen Idee der Rechtsstrafe, über die allgemeine Durchsetzung demokratischen Rechts hinaus? Immerhin betont dies das BVerfG: »Das Strafrecht in seinem Kernbestand dient nicht als rechtstechnisches Instrument zur Effektuierung« der Rechtsdurchsetzung, sondern stehe »für die besonders sensible demokratische Entscheidung über das rechtsethische Minimum«.[212] Das Strafrecht erfüllt eine wichtige Ordnungsfunktion innerhalb der Rechtsordnung, indem es ein gesellschaftliches Koexistenzminimum, eine Form von Mindestsolidarität[213], markiert. Die Strafbegründungstheorie der Integrationsprävention bzw. positiven Generalprävention, wonach das Strafrecht in seiner Anwendung die Unverbrüchlichkeit geltender Normen stabilisiert, hat sich als verfassungsrechtlich anschlussfähig erwiesen,[214] schon weil das Strafrecht als akzessorische Ordnung hier auf einen anderweitig gesetzten (Primär-)Normenbestand verweisen kann, der demokratischer Gestaltung unterliegt. Positive Generalprävention bildet insoweit zugleich die Kontingenz gesellschaftlicher Wertungen im Recht ab. Demokratische Rechtserzeugung und Strafbegründung werden verkoppelt.[215]

1. Der Eigenwert des Strafrechts für den demokratischen Rechtsstaat

Die Sonderrolle des Strafrechts, der die Rechtsstrafe verfassungsrechtlich durchweg aus der Vielfalt hoheitlicher Instrumente heraushebt, liegt hierbei in einer Symbolkraft für die fortwährende Bestätigung eines normativierten gesellschaftlichen Identitätskerns[216]. Ritualisierte Strafrechtspflege ist vor allem eine öffentliche Vergewisserung über den Allgemeinheitsanspruch der bewehrten Gesetze.[217] Das allgemeine Gesetz hat demokratischen Eigenwert gerade in einer pluralistischen Gesellschaft, die sich mit der Erosion des sozial Verbindenden primär als Rechtsgemeinschaft konstituiert.[218] Das Strafrecht objektiviert dies in besonderer Weise.[219] Allgemeinheit und Gegenseitigkeit sind Ausdruck eines demokratischen Strafrechts,[220] das den Straftäter nicht primär als Gefahrenquelle, sondern als mündigen Akteur[221] und damit als Mitglied einer politischen Gemeinschaft im weiteren Sinne adressiert.[222] Gleiche Freiheit aller als legitimatorischer Fluchtpunkt der Demokratie[223] aktualisiert sich in der Distanziertheit des allgemeinen Strafgesetzes mit expressiver Deutlichkeit.

Der Drang des Strafrechts nach egalitärer Allgemeinheit überwindet sogar die bundesstaatliche Diversifikation des Vollzugs – eigentlich eine Quelle föderaler Vielfalt[224] –, wenn etwa das BVerfG in seiner Cannabis-Entscheidung eine bundesweite Angleichung der Einstellungspraxis durch die Strafverfolgungsbehörden fordert[225] oder in seiner Entscheidung zum Bayerischen Schwangerenhilfeergänzungsgesetz den Vorrang strafrechtsflankierenden Bundesrechts unter expliziter Ausblendung der Frage aufrecht erhält, ob dieses Bundesrecht seinerseits verfassungskonform ist.[226] Ähnlich den Bundesgrundrechten[227] wirkt daher das Strafrecht unitarisierend, nur unter freiheitsinvasivem Vorzeichen. Föderalismustheoretisch zwingend ist dies natürlich nicht, wie das Beispiel der USA verdeutlicht,[228] es markiert aber einen spezifisch deutschen Entwicklungspfad, wonach das Strafrecht seit dem Norddeutschen Bund ein Projekt der Rechtseinheit war.[229]

Schon der Bestand von Institutionen der Strafrechtspflege hat einen Eigenwert, weil er die Bereitschaft einer Rechtsgemeinschaft abbildet, die basalen Werte des Zusammenlebens zu verteidigen,[230] mit dem BVerfG: Das Strafrecht solle unabhängig von der Effektivität seiner Anwendung »sagen, was für den Einzelnen Recht und Unrecht ist«.[231] Auch das viel gescholtene ›symbolische‹ Strafrecht[232] kann daher demokratisch plausibel sein, wenn damit Kommunikationsfunktionen jenseits von Tatbestand und Rechtsfolge erfüllt werden.[233] Das Ringen um den angemessenen strafrechtlichen Schutz religiöser Bekenntnisse und die Fortentwicklung des – praktisch bedeutungslosen – § 166 StGB zeigt dies. So erleben wir kaum ein Krisenphänomen, in dem nicht hoffnungsvoll – obgleich oft überzogen – nach dem Strafrecht gerufen wird, um verloren geglaubte soziale Erwartungssicherheit wiederherzustellen: NSA-Skandal, Finanzkrise[234], CIA-Folter, ein aus deutscher Gemütlichkeit ausbrechender, zum realen Krieg werdender Afghanistaneinsatz der Bundeswehr[235] oder islamistischer Terror[236] wären nur einige aktuelle Beispiele. Der meist mit intellektueller Häme übergossene Ruf nach dem Strafrecht oder Strafverschärfungen kann auch als Prozess evaluativer Selbstvergewisserung verstanden werden, der in einer freien Gesellschaft seinen demokratischen Wert auch dann behält, wenn die rationalisierenden

Mechanismen formaler politischer Willensbildung später viel Unsinniges wieder herausfiltern müssen.

2. *Pluralismus und kulturelle Vielfalt: Herausforderung für das Strafrecht?*

Auch der egalitäre Anspruch des Strafrechts als Instrument allgemein-gesellschaftlicher Integration trifft auf gesellschaftliche Pluralisierung und kulturelle Vielfalt, die ihrerseits Konsequenzen einer freiheitlichen Verfassung sind. Grundrechte schützen individuelle Freiheit zur Beliebigkeit,[237] sind also keine Ethik des Miteinanders, sondern als primäre Abwehrrechte ein Recht auf gesellschaftliche Desintegration.[238] Grundrechte drängen daher zu Spielräumen für kulturell abweichendes Verhalten; sie verlangen der demokratisch-egalitären Mechanik der Rechtsdurchsetzung individuelle Rücksichtnahme ab.[239] Die Begründung von Solidaritätspflichten in einer auf individueller Selbstbestimmung gründenden Rechtsordnung gehört daher »zu den schwierigsten Aufgaben einer Theorie gesellschaftlicher Institutionen«.[240] Wenn es stimmt, dass die »Erosion von traditionalen Formen der Vergemeinschaftung und integrierenden sozial-moralischen Milieus« dazu führe, »dass Individuen immer weniger auf hergebrachte und ganzheitliche Identitätsbezüge zurückgreifen können« und es hierdurch zu einer

Individualisierung der Zuschreibungen von Sinn und Zugehörigkeit komme,[241] kann dies die Idee strafrechtlicher Integration nicht unberührt lassen, zumal Strafrecht Konfliktverantwortung gerade individualisiert. Fragen kultureller Pluralität sind daher auch auf die Agenda des Strafrechts gerückt.[242]

Zunächst einmal gilt: Verfassungen – wie auch verfassungsgebundene demokratische Entscheidungen – sind Parteinahme in einem gesellschaftlichen Umfeld, damit aber von vornherein nicht kulturindifferent.[243] Und Integration durch Recht ist ebenso ubiquitär wie trivial. Rechtliche Institutionen drücken der Gesellschaft und ihrer Kultur ebenso ihren Stempel auf wie das Recht Derivat gesellschaftlich-kultureller Präferenzen ist.[244] Gesellschaftliche Pluralisierung wird in einer offenen Verfassung durch Rechtsetzung in demokratischen Verfahren verarbeitet. Verschiedenheit ist nicht die Grenze, sondern der Ausgangspunkt von Demokratie.[245] Anders als im Vergleich zu anderen Rechtsgebieten – wie dem Schul- und Staatskirchenrecht – wirft dies zunächst keine strafrechtsspezifischen Probleme auf.[246] Das Strafrecht ist allerdings von den Hebelwirkungen zentrifugaler gesellschaftlicher Dynamik auch nicht exemt gestellt. Kulturelle Pluralisierung bedingt es, dass die Rolle des Strafrechts als einer demokratisch verfügbaren (formalisierten[247]) gesellschaftlichen Mindestsolidarität an Bedeutung dort zunimmt, wo anderweitige Mechanismen der Vergemeinschaftung scheitern. Das Strafrecht wird zum Seismograph sozialer Segregation und Desintegration: Eigentlich ein randständiges Instrument des Rechts, wächst seine Bedeutung mit der Zunahme an sozialen Konflikten, die sich nicht mehr innerhalb der regulären Institutionen des Verwaltungs- und Zivilrechts bewältigen lassen. Strafrecht ist damit Armutszeugnis und normatives Auffangnetz zugleich.[248] Und die Leistungsfähigkeit des Strafrechts als voraussetzungsvoller Modus normativer Verständigung ist begrenzt, wenn die Verständigung über Selbstverständliches scheitert.

Der Beitrag des Strafrechts zur Stabilisierung eines auf Rechtlichkeit gegründeten Miteinanders in Zeiten kultureller Pluralisierung liegt gerade in seiner formalen Gleichheit. In einer freiheitlichen Rechtsordnung hängt die Legitimität des Strafrechts entscheidend von seiner generellen Maßstabssetzung ab. Individueller Dispens stellt das Strafrecht in besonderer Weise auf die Probe, weil es mit der Erosion seiner Allgemeinheit auch an sozialer Überzeugungskraft einbüßt.[249] Damit muss sich das Strafrecht widerständig gegenüber einer fallbezogenen Zulassung kultureller Differenz zeigen. Mit *Heike Jung*: »Strafrecht scheint ein besonders schwieriger Testfall für die Koexistenz pluralistischer Lösungen zu sein. Wenn ein Sozialschaden eingetreten ist, bleibt nicht viel Spielraum. Denn Strafgesetze verkörpern ja gerade die Minima moralia einer Gesellschaft, die vom Staat mit Zwang durchgesetzt werden«.[250] Etwa hinsichtlich der Schuldfeststellung bei so genannten – oft zum Prototyp eines Kulturkonflikts überzeichneten – ›Ehrenmorden‹ betont der BGH seit den 1990er Jahren – in Abkehr von seiner früheren Rechtsprechung – die leitende Funktion der deutschen Rechtsordnung und der ihr zugrunde liegenden Wertungen gerade gegenüber Gruppen, die diese Wertungen ablehnen.[251] Ähnliche Bewegungen sind in der Verfassungsrechtsprechung zu verzeichnen.[252] Als Objektivierung[253] in einem bisweilen radikalisierten Schuldstrafrecht[254] wirkt dies nur auf den ersten Blick entindividualisierend.[255] Gegenmodelle einer *cultural defense* würden letztlich die kulturell vermittelte, kollektivierende Gruppenzugehörigkeit[256] an die Stelle des Individuums setzen.[257] Gerichtsverfahren individualisieren Konflikte und reduzieren sie zugleich auf Fragen des abstrakt-generellen Rechts, was kulturelle Elemente erledigt bzw. in das Politische demokratischer Verfahren der Gesetzgebung verschiebt.[258]

So wird der Einzelne vor dem allgemeinen Gesetz in seinem Bürgerstatus im Staat als Gleicher ernst genommen sowie nur im Rahmen der staatlichen Rechtsordnung, an deren Erzeugung ihm grundsätzlich[259] demokratische Mitwirkungsrechte zustehen, als Pflichtensubjekt beansprucht.[260] Und auch die

Anderen, die von der politischen Mitwirkung Ausgeschlossenen, werden vollumfänglich als gleiche Träger individueller Rechte adressiert.[261] Jenseits atypischer Sonderpflichten wäre ein Strafrecht, das zwischen Deutschen und Ausländern differenziert, indiskutabel. Durch die grundsätzliche Ausblendung abweichender kultureller Prägungen im Strafzumessungsrecht erfüllt das Strafrecht letztlich nur seinen Anspruch, gleiche Freiheit aller durchzusetzen. Und nur hiermit lässt sich seine exzeptionelle Schärfe in einer freiheitlichen Gesellschaft aufrechterhalten, was dann die Besonderheit des Strafrechts gegenüber den elastischeren Dispensregimes des Verwaltungsrechts ausmacht. Das BVerfG betont daher in seiner umstrittenen Inzest-Entscheidung, dass eine strafbewehrte Verbotsnorm »ihr Gewicht durch die Absolutheit« gewinne, »mit der sie die umfassende und situationsunabhängige Beachtung einfordert«.[262] Der minimalistische Anspruch des Strafrechts verlangt nach Konsequenz. Die individualisierenden Differenzierungsleistungen des Verhältnismäßigkeitsgebots werden der Allgemeinheit des Strafgesetzes untergeordnet.[263] Das Strafrecht fungiert dann als republikanischer Gemeinwohlkern in einer Rechtsordnung der individuellen Ausnahmen-Gesellschaft. Umso mehr ist es auf eine freiheitsverträgliche Definition seiner Straftatbestände angewiesen;[264] das Verhältnismäßigkeitsgebot[265] hat sich hierbei in Ermangelung einer strafrechtsspezifischen Grundrechtsdogmatik als eher differenzierungsschwach erwiesen.

3. Staatliche Schutzpflichten und Strafrecht: Wiedergänger einer Staatsaufgabenlehre?

Materielle Staatsaufgaben – eine Domäne der klassischen Staatslehren – haben sich als unergiebig erwiesen, die Funktionen des demokratischen Rechtsstaats adäquat zu beschreiben, weil dieser über formale Mechanismen der Rechtserzeugung verfügt, um sich (kontingente) Aufgaben als normierte Ergebnisse politischer Entscheidungen selbst zuzuweisen.[266] Eine Positivierung von materialen Aufgaben mag auf Verfassungsebene erfolgen,[267] was die Tradition inhaltlicher Zielbindungen im Grundgesetz zeigt,[268] ist aber aus verfassungstheoretischer Sicht als konstitutionelle Auskopplung aus der regulären demokratischen Legitimationsmechanik jedenfalls problematisierungsbedürftig. Umso bemerkenswerter ist es, dass das BVerfG gerade die Strafrechtspflege als eine exzeptionelle – im Verfassungstext nicht vorgezeichnete – materiale Staatsaufgabe hypostasiert hat. Während der »Funktionstüchtigkeit der Strafrechtspflege« Verfassungsrang vor allem zugesprochen wurde,[269] um Grundrechtseingriffe zu legitimieren, geht das Gericht mit seiner Schutzpflichtendoktrin darüber hinaus und verpflichtet den Staat zur Intervention. »Die Sicherung des Rechtsfriedens durch Strafrecht ist seit jeher eine wichtige Aufgabe staatlicher Gewalt. [...] Strafnormen und deren Anwendung in einem rechtsstaatlichen Verfahren sind Verfassungsaufgaben«.[270] Die damit aufgeworfene Frage, ob aus der Gerechtigkeit der Bestrafung nur eine Rechtfertigung oder auch eine Verpflichtung zur Strafe resultiert, berührt – spätestens seit dem berüchtigten Inselbeispiel *Kants*[271] – zugleich alte Konflikte der Strafrechtsphilosophie.[272]

a) Real- oder Idealschutz?

Das BVerfG hat dem Strafrecht eine spezifische Ordnungsfunktion innerhalb der staatlichen Institutionen unter den Auspizien staatlicher Schutzpflichten[273] beigemessen, was zuletzt in der zweiten Entscheidung zum Schwangerschaftsabbruch 1993 näher entfaltet wurde. Der Schutz menschlichen Lebens vor seiner Tötung sei »eine elementare staatliche Schutzaufgabe«; daher lasse es »das Untermaßverbot nicht zu, auf den Einsatz auch des Strafrechts und die davon ausgehende Schutzwirkung frei zu verzichten. Dem Strafrecht kommt seit jeher und auch unter den heutigen Gegebenheiten die Aufgabe zu, die Grundlagen eines geordneten Gemeinschaftslebens zu schützen«.[274] Die Funktion des Strafrechts für den Schutz grundrechtlich definierter Individualrechtsgüter[275] bleibt hierbei leider weitgehend konturenlos. Zugleich wird das gesellschaftliche Konfliktlösungspotential in naiver Strafrechtsgläubigkeit überschätzt:

Das Schutzpflichtkonzept des BVerfG will explizit *realen* Rechtsgüterschutz vermitteln,[276] wäre aber gerade insoweit von empirischen Wirksamkeitsannahmen abhängig,[277] die der expressiv-sozialkommunikative *Ideal*schutz des Strafrechts allein nicht auszufüllen vermag,[278] auch wenn eine Strafandrohung natürlich nicht völlig wirkungslos bleibt. So wären für den Schutz des ungeborenen Lebens Fragen wie die Finanzierung von Abtreibungen, die soziale Absicherung von Schwangeren oder hinreichende Kinderbetreuungsplätze[279] ersichtlich von substantiell höherer Bedeutung als die vom Gericht fokussierte, aber eigentlich sekundäre Frage der Strafandrohung. Symbolisch-definitorischer Schutz, den das hölzerne Strafrecht bieten kann (das BVerfG argumentierte in seiner ersten Entscheidung zum Schwangerschaftsabbruch 1975 noch deutlicher und konsequenter in diese Richtung[280]), wäre als Folge von Grundrechten jedenfalls voraussetzungsvoll und erklärungsbedürftig.[281] Eine geschlossene Begründung, welchen konkreten Beitrag das Strafrecht zum Schutz fundamentaler Rechtsgüter leisten soll, bleibt das Gericht indes schuldig. Letztlich gießt das BVerfG hier eine zur Verfassungserwartung überhöhte Traditionslinie unvermittelt in eine Verfassungsdogmatik um, die die Gesetzgebung in ein präter-konstitutionelles Pönalisierungskorsett zwängt, das sich aller Feinheiten strafrechtlicher Regelungstechnik und dazugehöriger Strafrechtsdogmatik bedient, deren verfassungsrechtsdogmatische Ableitung die Regelungsfunktion der Verfassung schlicht überdehnt.

b) Etatistisches oder pluralistisches Grundrechtsverständnis?

Allerdings wurde versucht, die – bei isolierter Betrachtung eher eklektizistisch wirkende – Schutzpflichtendogmatik verfassungstheoretisch durch Verweis auf eine – dem staatlichen Gewaltmonopol korrespondierende – Staatsaufgabe Sicherheit[282] anzureichern.[283] In der Sache werden also Elemente einer abgestorbenen Staatsaufgabenlehre über die Schleuse der Grundrechtsdogmatik reintegriert und wiederbelebt.[284] Was für die Gefahrenabwehr als reale Sicherheitsgewähr und damit Freiheitsvoraussetzung plausibel erscheint,[285] bricht sich am Strafrecht, dessen sicherheitspolitische Funktion theoretisch wie praktisch mehr als undeutlich bleibt. Die Materialisierung der Grundrechte zu Bestrafungspflichten markiert letztlich erneut eine auch konstitutionelle Sonderrolle des Strafrechts, das entgegen dem verwaltungsrechtlichen Trend zur instrumentellen Auffächerung nicht zur Disposition stehen soll. Letztlich argumentiert das BVerfG in der Logik einer – später mit Recht verworfenen[286] – vorkonstitutionellen Rechtsgutslehre und damit typisch strafrechtlich.

Hintergründig ventiliert sich ein materiales Verfassungsverständnis, das auch im Öffentlichen Recht wiederholt Renaissancen erlebte,[287] das aber letztlich zu den Leistungen pluralistischer Offenheit, institutioneller Prozeduralität und demokratischer Kompromisshaftigkeit keinen rechten Zugang findet. Gerade Grundrechte garantieren zuvörderst (relative) Freiräume für individuelle Willkür, sind dann aber eine denkbar schlechte Blaupause für eine gute Ordnung durch Strafe. Jenseits des atypischen Sonderfalls des Schutzes ungeborenen Lebens – gewiss ein schwieriger Grenzkonflikt – hat das Gericht seine gewagten Bestrafungspflichten – über Andeutungen hinaus[288] – auch nie zu einem kohärenten Gesamtkonzept weiterentwickelt.[289] Die legislativen Spielräume, die das BVerfG dem Gesetzgeber bei der Erfüllung von Schutzaufträgen zugesteht, haben die Schutzpflichtdogmatik letztlich davor bewahrt, in ein ›etatistisches‹ Grundrechtsverständnis abzudriften.[290] Verfassungstheoretisch bleibt der hintergründige Freiheitsentwurf, den das BVerfG in groben Zügen zeichnet, ohne Begriff von Strafe unausgegoren.

c) Privatisierungsschranke

Weniger Beachtung gefunden hat die in der Schutzpflichtendoktrin implizit enthaltene Verstaatlichung, die Verhinderung einer Privatisierung elementarer Güterkonflikte.[291] Wer die grundrechtsgebundene öffentliche Gewalt zur Konfliktentscheidung verpflichtet, monopolisiert Strafrechtspflege beim Staat, hält Konfliktausgleich im öffentlichen Raum und erteilt auch privater Paralleljustiz als Alternative sozialer Kontrolle eine Absage[292]. Ein grundrechtlicher Anspruch des Opfers (oder seiner Angehörigen) auf wirksame Strafverfolgung wurde konsequent verneint.[293] Ausnahmen, die sich als Individualisierung der Strafrechtspflege kaum kohärent in das strafrechtliche Konzept von Allgemeininteresse einfügen lassen, blieben bis vor Kurzem meist folgenlos.[294] In diesen Grundtenor passt es, dass das BVerfG dem Menetekel der Privatisierung des Strafvollzugs[295] – über den Hebel des Art. 33 Abs. 4 GG und das Demokratieprinzip – enge Grenzen gezogen hat, weil der »Vollzug strafrechtlich verhängter Freiheitsentziehungen […] zum Kernbereich hoheitlicher Tätigkeit« gehöre.[296] Trotz der konsequenten verfassungsgetriebenen Individualisierung der Gesamtrechtsordnung lässt sich dann Strafrechtspflege auch nicht ohne weiteres in den Dienst populären Opferschutzes stellen.[297] Und die Öffnung der Sterbehilfe ließe sich auch als Privatisierung existenzieller Konflikte problematisieren.[298]

Strafrecht bleibt hiernach Projektionsfläche eines normstabilisierenden Allgemeininteresses, steht dann aber der kollektiven Selbstbestimmung des Demokratieprinzips näher als der individuellen Freiheit. Demokratietheoretisch spricht dies für eine Prärogative des demokratischen Gesetzgebers über das Strafrecht, womit sich die Deduktion konkreter Straftatbestände aus grundrechtlichen Schutzpflichten[299] nicht verträgt.

VII
Strafrecht zwischen funktionaler Kontinuität und staatsrechtlicher Diskontinuität

Anhand des Strafrechts lässt sich auch die Verzeitlichung einer Verfassung[300] demonstrieren. Das geltende Strafrecht und noch vielmehr die weiterhin vorherrschenden Straftheorien sind ganz überwiegend vordemokratischer Provenienz. Die systemübergreifende Stabilität des staatlichen Kernstrafrechts[301] repräsentiert daher rechtsfunktionale Kontinuität trotz staatsrechtlicher Diskontinuität, oder genauer: den Mindestbedarf an Rechtskontinuität, ohne die auch ein demokratischer Systembruch nicht möglich ist.[302] Der demokratische Rechtsstaat übernimmt die vordemokratische Symbolik der Strafe und setzt deren soziale Kommunikationswirkung ein, um die demokratisch gesetzte oder jedenfalls verantwortete Rechtsordnung zu verteidigen.

Institutionen können Binnenevolutionen durchleben, die zu einer Ablösung von historisch zugedachten Rollen führen.[303] Die Anpassungsfähigkeit der Institutionen deutscher Strafrechtspflege wurde hingegen kaum auf die Probe gestellt. Die kriminalitätsverwaltende Bürokratie hat Systembrüche beharrlich – und teils in fragwürdiger personeller Kontinuität – überdauert. Der Bedarf nach kontinuierlicher Rechtspflege im Bereich der sozialen Minima sowie die distanzierende Akzessorietät des Strafrechts zur Gesamtrechtsordnung haben es ermöglicht, Strafrechtspflege auch heute noch mit einem Normenkern und den Institutionen des Kaiserreichs zu betreiben. In den Anfangsjahren der Bundesrepublik mag zudem eine Melange aus behäbiger Autoritätsgläubigkeit und Politik-Aversion eine Grundstimmung befördert haben, in deren Schatten das tradiert Justizielle umso besser gedeihen konnte.[304]

Während das – vergleichsweise diskontinuierliche[305] – Verwaltungsrecht unter dem Grundgesetz Schicht für Schicht auf dem neuen konstitutionellen Fundament subjektiver Rechte und individueller Freiheit wiederaufgebaut wurde,[306] hat sich das Strafrecht am längsten Modernisierungs- und Liberalisierungsschüben entzogen.[307] Dass im Strafrecht auf den Systembruch von 1945/49 in epistemologischem Hinterwäldlertum sowie im Zuge einer verbreiteten

Restaurationsstimmung zunächst mit einer (vermeintlichen) Naturrechtsrenaissance[308] reagiert wurde,[309] gegen die sich die demokratischen und individualfreiheitsrechtlichen Systementscheidungen des Grundgesetzes erst langsam über das BVerfG – also mittels institutioneller Konkurrenz[310] – durchsetzen mussten,[311] spricht Bände. Und auch das BVerfG trug lange Zeit krude Bestimmungen des Sexualstrafrechts mit.[312] Die traditionsgesättigte Selbstgenügsamkeit des Strafrechts zeitigt bis heute Spätfolgen. Zugleich haben sich unter dem Deckmantel der Entpolitisierung vermeintlicher Strafgerechtigkeit metastabile Reaktionsmuster und Systementscheidungen vom politischen Prozess demokratischer Gesetzgebung emanzipiert.[313] Das Strafrecht zeigt daher, wie die Angewiesenheit auf ein Minimum an Rechtskontinuität auch dem verfassungsrechtlichen Neuanfang einen Preis abverlangt.[314]

VIII
Transformationsstrafrecht

Trotz institutioneller Trägheit spielte das Strafrecht in seiner Symbolmächtigkeit gerade bei staatsrechtlichen Systembrüchen eine besondere Rolle als Transformationsrecht. Die eher punktuelle, in ihrer gesellschaftlichen Breitenwirkung aber dennoch nicht unbedeutende Aufarbeitung von NS-Gewaltverbrechen vor Strafgerichten sowie die Prozesse gegen »Mauerschützen« und wegen Rechtsbeugung gegen Funktionsträger der DDR markieren – ungeachtet der asymmetrischen Konsolidierung nach der Wiedervereinigung[315] – keine deutschen Sonderwege, wie beispielsweise der Blick auf ehemalige Ostblockstaaten oder Südafrika zeigt. Das Strafrecht reagiert damit nicht auf einen Normbruch, der geeignet wäre, die soziale Wirksamkeit der geltenden Rechtsordnung zu erschüttern. Denn die Bewertung von Handlungen unter einem *anderen* (revolutionär überwundenen) System kann ohne Geltungskontinuität keine normative Orientierung (mehr) vermitteln.[316] Vielmehr wird das Strafrecht hier zum Instrument der Symbolisierung und sozialen Festigung staatskonstitutiver Strukturprinzipien, um elementare Regeln der *neuen* Verfassungsordnung in die soziale Wirklichkeit zu transportieren und dort zu etablieren. Als Vergangenheitsbewältigung ausgeflaggt, geht es eigentlich um Zukunftsgestaltung. Für eine Verfassungsordnung, die Gewalten auch nach temporalen Wirkungshorizonten gliedert,[317] ist dies ein ganz entscheidender Unterschied.

Freilich wurden staatsrechtliche Systembrüche noch nie herbeigestraft. Die punktuelle Funktion des Strafverfahrens zerfasert: Strafverfahren mögen Geschichte machen, sind aber als Medium der Geschichtsschreibung untauglich: Strafverfahren fokussieren punktuell auf eine tat- und täterbezogene prozessuale Wahrheit; historische Richtigkeit ist hingegen kein sinnvolles Verfahrensziel. Dieser verzweifelte Versuch, selbst den Geschichtsverlauf noch nachträglich in justizförmige Bahnen zu lenken, ist Spiegelbild einer Staatlichkeit, die – vergleichbar überwundenen Fortschrittsutopien des Politischen – einem naiven Vertrauen in die universelle Problemlösungsfähigkeit des Rechts erlegen ist. Strafrecht suggeriert eine Normalität, die in der Aktivierung einer bürokratischen Entscheidungsmaschinerie Makroverbrechen gegen die Menschlichkeit wie Ladendiebstahl erledigen will.[318] Rückblickend zeigt sich ernüchternd, dass das Strafrecht als solches bei staatlichen Transformationsprozessen nur eine sehr begrenzte Rolle spielen kann, Transformationsgesellschaften aber offenbar ihre ganz eigene Symbolik benötigen, ein Bedarf, der durch die verfassungssystemübergreifende Sprache der Rechtsstrafe gedeckt wird.

Mit dieser staatsrechtlichen Indienstnahme löst sich das Strafrecht indes von seinen originären Funktionen ab. Der abstrakte Systemkonflikt wird auf eine individuelle Ebene verlagert, also letztlich auf Kosten Einzelner ausgetragen, wodurch sich wiederum die Gesellschaft selbst entlastet. Mauerschützen stehen für die Unmenschlichkeit des autoritären DDR-Regimes gerade, die Verurteilung des KZ-Aufsehers dient der Wirtschaftswundergesellschaft als Sedativum, das die NS-Barbarei als Serie von individuellen Straftaten erscheinen lässt – eine problematische Individualisierung von Defiziten eines staatsgetragenen Gesamtsystems.[319] Die Verfassungsrechtsprechung hat diesem punitiven Nutzenkalkül nichts entgegengesetzt,[320] ist aber gerade dadurch der ansonsten betonten Sonderrolle des Strafrechts nicht gerecht geworden.[321] Gewiss ist es nicht illegitim, die Symbolik der Strafe als Instrument gesellschaftlicher Identitätsbildung zu nutzen. Gerade die Versinnbildlichung des verfassungskonstitutiven Bruchs mit der NS-Gewaltherrschaft – die deutsche Staatsräson schlechthin – zeigt dies. Konsequenterweise wäre dann jedoch das Exzeptionelle eines politischen Sonderstrafrechts konstitutionell sichtbar zu machen gewesen,[322] was atypische Institutionen eines Besatzungs- oder Transformationsregimes[323] allemal besser können als ein regulärer Strafprozess.

IX
Entgrenzungen des Strafrechts durch Entterritorialisierung und Entstaatlichung

Obgleich Globalisierung als Prozess der Verflechtung kein neues Phänomen ist,[324] hat das Kernstrafrecht seine Sonderstellung als Bastion der Staatlichkeit lange Zeit verteidigt. Nicht zuletzt die Europäisierung und die Wirklichwerdung eines Völkerstrafrechts haben indes das etatistische Weltbild auch der Strafrechtspflege irritiert. Während die Generalprävention sowohl ihrem sozialen Sinn als auch ihrer Wirkung nach eine relative Staatsnähe aufweist,[325] erfahren absolute Strafbegründungen im Zuge der Internationalisierung des Strafrechts zusätzlichen Aufwind.[326] Das Argument Gerechtigkeit entgrenzt.[327] Namentlich Vergeltung ruht in ihrer bewussten Emanzipation von gesellschaftlichen Zwecken in sich selbst und letztlich auf einem höheren, vorpositiven Geltungsanspruch[328], der dann aber auch als theoretisches Konzept vom

Staat gelöst werden kann. Dieser befremdliche Antipositivismus ist bislang kaum auf merkliche Widerstände in der Staatsrechtslehre gestoßen.[329] Mit der staatlichen Weltrechtspflege wird das nationale Strafrecht entterritorialisiert, mit der Beteiligung an einer internationalen Strafgerichtsbarkeit wird es institutionell entstaatlicht. Beides löst das Strafrecht jedenfalls aus seiner Einbettung in die Entstehungsgeschichte des modernen Territorialstaats und verändert damit normativen Sinn.[330] Dies ist ebenso wenig zwingend illegitim wie die Rolle des Staates als Zentrum der Rechtserzeugung zeitlos,[331] aber jeweils ein verfassungstheoretisch begründungs- wie verfassungsrechtlich rechtfertigungsbedürftiger Paradigmenwechsel.

1. Völkerstrafrechtlicher Aktivismus begegnet …

Wo und wann Recht gilt, ist kein rechtstheoretisches Problem, sondern eine kontingente Inhaltsfrage des positiven Rechts.[332] Verfassungsdogmatisch geht es um das – hier nicht zu vertiefende – Problem des Nulla-poena-Satzes[333] und um rechtsstaatliche Grenzen der Übertragung von Hoheitsgewalt[334]. Verfassungstheoretisch geht es um die dahinter stehende Frage, inwiefern Konstitutionalisierung und Territorialisierung voneinander ablösbar sind und ob der (verabsolutierte[335]) *Hobbes*sche Schutz-Gehorsams-Konnex – *The end of obedience is protection*[336] – einen eigenständigen Erklärungswert besitzt,[337] der sich auf die normative Basisstruktur einer Verfassung auswirkt. Der vom BVerfG in seiner Schutzpflichtdogmatik geforderte, aber nie strafrechts*begrenzend* aktivierte Realschutz ist unter der gegenwärtigen Verfassung globaler Institutionalisierung nur vom Staat oder gleichermaßen effektiven Substituten zu leisten.[338] Keine überstaatliche Organisation – weder eine des Völkerrechts noch die Europäische Union – verfügt über wirksame Mechanismen des Zwanges zur Durchsetzung des Rechts.[339] Die Territorialität staatlicher Herrschaft behält daher ihre Politizität bis auf weiteres.[340]

Der sehr unterschiedliche Umgang mit Extraterritorialität innerhalb der Familie liberaler Verfassungsstaaten und die fortbestehenden Unsicherheiten zeigen, dass dies kein triviales Problem ist. Nicht zuletzt ist die Rolle der Territorialität für den demokratischen Verfassungsstaat legitimationstheoretisch alles andere als eindeutig, weil Territorialisierung und Personalisierung von Herrschaft jeweils für sich Modernisierungsschübe ebenso wie Gegenbewegungen kennen:[341] In der demokratischen Konstitutionalisierung liegt eine Verschiebung von der Territorialität staatlicher Herrschaft zu einer legitimationszentrierten Personalität,[342] die aber gerade die Bestrafung von Nicht-Bürgern für extraterritoriale Taten nicht zu erklären vermag.[343] Die gegenläufige Territorialisierung, die als Reaktion auf Migration und personale Permeabilität des Staates subjektive Rechte und politischen Bürgerstatus entkoppelt, läuft der Universalisierung des staatlichen Strafrechts sogar diametral zuwider. Weltrechtspflege bricht insoweit aus den großen Erzählungen des modernen Staates – der Territorialisierung von Herrschaft und der Personalisierung ihrer Legitimation – aus. Die Entkopplung von Schutz und Gehorsam wird auf die Spitze getrieben, der im modernen Recht angelegte Entwicklungspfad von der »Dissoziation von Gesetz und Territorium« zum »raumlosen Legalismus«[344] vollendet. Der Staat erstreckt seine Strafgewalt auf die gesamte Welt und fordert unter Androhung peinlicher Sanktion auch dort Gehorsam, wo er die so Unterworfenen realiter von vornherein nicht schützen kann.[345] Der darin liegende Verlust des gesellschaftlichen Identitätskonnexes ist für die Betroffenen, die in der Hoffnung auf eine bessere Welt gestraft werden, alles andere als freiheitlich. Rechtstaatliche Bindungen werden durch Moralisierung[346] entdifferenziert;[347] das Strafrecht wird zu einer in den internationalen Raum verlängerten Projektionsfläche einer verfassungsrechtlichen Wertordnung. Es ist kein Zufall, dass diese Expansion des Strafrechts zusammenfällt mit einer menschenrechtspolitisch forcierten Auflösung der harten Rechtserzeugungsbedingungen im Völkerrecht durch den blutleeren Normativismus eines anspruchslosen Konstitutionalisierungsbegriffs.[348]

Dies alles konnte nicht ohne Rückwirkungen auf das Modell einer internationalen Offenheit der Verfassung bleiben. War die Permeabilität der Verfassungsordnung zunächst ein Weg interner Selbstbeschränkung, um die mit Misstrauen beäugte Staatsgewalt international einzuhegen, wird diese nunmehr in einen externen Interventionstitel verkehrt.[349] Die Verfassungsdoktrin der Interventionsstaaten muss nicht nur hierzulande neue Folgefragen beantworten, etwa nach der Grundrechtsgeltung im Ausland oder den Regeln für Auslandseinsätze. Die Renaissance des Völkerstrafrechts bildet den Höhepunkt einer expansiven menschenrechtlichen Agenda westlicher Verfassungsstaaten, der sich auch das deutsche Recht nicht zu entziehen vermochte: Eine Verfassungsänderung ermöglichte im Jahr 2000 die Auslieferung Deutscher an internationale Strafgerichte[350] und kurz darauf wird auch die strafende Weltrechtspflege verfassungsgerichtlich glattgezogen[351]. Den demokratischen Rechtsstaat treffen solche Konflikte ins Mark, weil eine politische Gemeinschaft auf Grenzen – auf Differenz, Identifizierbarkeit und beherrschbare Zurechnung – nicht verzichten kann[352] und die Strafrechtspflege die

Basiserwartungen sozialer Verantwortung unmittelbar tangiert. Erwachsen aus einem latenten Unbehagen, ist es denn auch mit der Entscheidung des BVerfG zum europäischen Haftbefehl[353] erneut die Strafgewalt, die eine erste deutliche Gegenbewegung des Pendels provoziert – eine notwendige[354] Verteidigung freiheitlicher Errungenschaften des demokratischen Rechtsstaats gegen erodierende Kräfte territorialer, personaler und funktionaler Entgrenzung.

2. … euroskeptischem Strafrechts-Etatismus

Empfindlichkeiten entstehen hingegen dort, wo supranationale Strafrechtsetzung auf der Ebene der Europäischen Union etabliert wird. Dies ist deshalb bemerkenswert, weil bei allen Problemen einer Mehrebenendemokratie die Unionsrechtsetzung gerade im Vergleich zum forcierten Völkerstrafrecht rechtsstaatlich wie demokratisch relativ eng umhegt ist.[355] Auch das Strafrecht ließe sich – nimmt man seinen akzessorischen Charakter ernst – als Instrument europäischer Integration beschreiben[356]. Das BVerfG hat in seiner Lissabon-Entscheidung der Europäisierung des Strafrechts indes enge Grenzen gezogen und dies demokratisch begründet: Auf Grund einer »besonders empfindlichen Berührung der demokratischen Selbstbestimmung durch Straf- und Strafverfahrensnormen« seien supranationale Kompetenzgrundlagen strikt auszulegen; ihre Nutzung bedürfe »besonderer Rechtfertigung«.[357] Auch in der – im Allgemeinen nicht sonderlich demokratiesensiblen – Strafrechtswissenschaft wird der Europäisierung verbreitet mit (pseudo-)staats- bzw. (pseudo-)demokratietheoretischen Argumenten entgegengetreten.[358]

Mit den Spezifika der Inhalte von Strafnormen lässt sich dies freilich kaum begründen: Anders als das viel stärker kulturgeprägte Zivil- und Verwaltungsrecht sind die Tatbestände und Schutzgüter des Kernstrafrechts jedenfalls in westlich-liberalen Rechtsstaaten auffällig homogen.[359] Ideen einer Strafrechtsvereinheitlichung in Europa waren bereits auf dem Tisch, lange bevor an ein Europäisches Verwaltungsrecht auch nur gedacht werden konnte.[360] *Franz von Liszt* berief sich hierzu bereits 1917 auf eine europäische »Kulturgemeinschaft« und die Funktion des Strafrechts als politisches Bindeglied zwischen den Staaten.[361] Selbst die oftmals als Fokus kategorialer Divergenz angesehenen Zurechnungslehren haben ihre reibungsarme überstaatliche Integrationsfähigkeit im hemdsärmelig pragmatischen Völkerstrafrecht unter Beweis gestellt.[362] Besonderheiten ergeben sich vor allem aus der institutionellen Einbindung des Strafrechts, die zwischen unterschiedlichen staatlichen Rechtsordnungen nicht unerheblich differiert. Anders gewendet ist nicht das Strafrecht staatsbezogen, sondern die Strafrechtspflege.

Hinter den Vorbehalten des BVerfG[363] steckt daher in Bezug auf das Strafrecht letztlich auch kein materielles Identitätskonzept,[364] sondern der Gedanke einer qualifizierten demokratischen Grundrechtswesentlichkeit kraft Eingriffsintensität.[365] Eine Ebenenverschränkung bewirkt demokratisch-politische Vieldeutigkeit.[366] Vielleicht ist es daher gerade die Eindeutigkeit, die der strafende Staat benötigt, um seine sozialen Kommunikationsaufgaben erfüllen zu können, und die in einer supranationalen Welt der Vollzugseffektivität verloren zu gehen droht? So lässt das Unionsrecht einen anspruchsvollen Sanktionsbegriff ebenso vermissen[367] wie eine eigenständige Strafbegründungstheorie. Dies ist genau genommen im nationalen Recht nicht anders, jedoch zwingt hier eine – gerade vom BVerfG betonte[368] – demokratische Öffentlichkeit als Demokratievoraussetzung zur Transparenz und Verantwortung im Umgang mit dem Strafrecht, dessen soziale Bedeutungszuschreibung trotz aller akademischen Streitigkeiten unmissverständlich wahrgenommen wird. Letztlich ist die Bereitschaft, das Strafrecht als schärfstes Instrument öffentlichen Zwanges hinzunehmen, damit ein verfassungstheoretischer Testfall für die Akzeptanz und das Funktionieren von Mehrebenenkonstruktionen. Und gerade hier zeigen sich dann auch Unterschiede zur Gründung des deutschen Bundesstaats,[369] in dem das Strafrecht – von einer im Kontrast zu den Gliedstaaten vergleichsweise stark demokratisierten Zentralebene aus – zu einem Symbol der Rechtseinheit werden konnte.

X
Strafrecht zwischen metaphysischer Überhöhung und bürokratischer Instrumentalisierung

Resümierend wird man nach alledem die Ausgangsfrage, ob sich eine Einbeziehung des Strafrechts in eine offen verstandene Verfassungstheorie als Beobachtungs- und Korrespondenzdisziplin der Verfassungsdogmatik lohnt, bejahen können. Das Strafrecht ist eine gleichermaßen theorieaffine[370] wie verfassungsgeprägte Subdisziplin des Öffentlichen Rechts. Es konzentriert sich auf gesellschaftliche Grenzkonflikte der Freiheitsentfaltung und liefert daher Anschauungsmaterial über die politische Philosophie hinter einer Verfassung.[371] Der Zauber des Strafrechts besteht hierbei gerade in dem grellen Kontrast von Eingriffsschärfe und auffälliger Unterbilanz an empirischer Wirksamkeit sowie Rationalisierbarkeit. Strafrecht als staatliche Reaktion auf Normbrüche brauchen wir nicht, weil die Funktionsmechanismen valide belegt oder ein Nachweis der sozialen Steuerungskraft erbracht wäre.[372] Wir brauchen es, weil sein sozialer Sinn als öffentlicher Kommunikationsbeitrag unmittelbar verstanden wird. Trotz seiner Eingriffsschärfe kann das Strafrecht in seiner vorrationalen Undeutlichkeit belassen werden und steht vielfältigen Deutungen offen.[373] Die Strafrechtspflege weist daher über das kühle Rationalisierungsparadigma moderner Staatsbegründungen hinaus, indem Strafrecht urtümliche Bedürfnisse nach sozialer Kontrolle befriedigt, die sich rationalistischen Steuerungsutopien beharrlich entziehen. Es zeigt die fortbestehende Bedeutung gesellschaftlicher Symbolik an, die sich nur begrenzt in die gewohnte Feinmechanik (über-)rationalisierender Verhältnismäßigkeitskontrolle einfügt. Strafrecht ist Staatsräson. Eine materiale Ethisierung der Gesamtrechtsordnung vom Systemmittelpunkt der Verfassung aus[374] stößt hier an ihre Grenzen. Die Entscheidung des BVerfG zum Geschwister-Inzest[375] hat dies in besonderem Maße verdeutlicht. Die konstitutionelle Positivierung des Strafrechts macht gerade die hintergründigen Erwartungen und Ethiken des Strafens für eine verfassungstheoretische Analyse interessant.

Der demokratische Rechtsstaat wird immer ein zwiespältiges Verhältnis zum Strafrecht pflegen. Eine Idealisierung stößt sich an den Rationalitätsparadigmen der pluralistischen Demokratie wie des

Rechtsstaats. Eine sicherheitspolitische Instrumentalisierung gefährdet die freiheitliche Basisstruktur des Strafrechts, auf dem seine abstrakt-normativen Kommunikationsleistungen beruhen[376]. Die gemeinschaftsstiftenden Funktionen des Strafrechts erodieren, wenn der strafende Staat nicht mehr als institutionalisiertes Wir, sondern als externe Unterdrückungsmaschinerie wahrgenommen wird.[377] Diese Ambivalenz hat spätestens seit der Debatte um den Zweckgedanken im Strafrecht[378] die Straftheorie begleitet.[379] Auch dies macht es so schwierig, die Nabelschnur zur Metaphysik endgültig zu kappen.

Eine verfassungstheoretische Durchdringung, für deren Ansätze hier nur Stichworte gegeben werden konnten, würde gerade auch die Strafrechtswissenschaft bereichern. Ein Strafrecht, das mehr sein will als ein auf dem verwesenden Kadaver des Idealismus vegetierender Saprophyt, muss sich auf den demokratischen Primat des Politischen gegenüber der Philosophie[380] einlassen. Es kann dann aber auch gerade dadurch an Einfluss gewinnen, dass es theoretische Legitimierungs- und Zurechnungsmodelle für individuelle Verantwortlichkeit liefert, die Theoriebedarf im Öffentlichen Recht befriedigen können. Denn es geht gerade beim Strafrecht um die Komplexität einer freiheitlichen Verfassungsordnung, die Freiheits- und Schutzbedürfnisse gleichermaßen sicherstellen sowie

Herrschaft konstituieren muss.[381] Beschreiben lässt sich dies – im Kontrast zu den meisten Angeboten der Strafrechtswissenschaft – nicht über Idealtheorien, sondern über eine Verfassungstheorie des Imperfekten, das bekanntlich das Substrat der Evolution ist. Wenn es um praktische Orientierungsräume negativer Freiheit[382] oder um die Identifikation einer dem positiven Recht vorgelagerten Vernunftstruktur verfassungsrechtlicher Freiheitserwartungen geht, hat das konstitutionalisierte Strafrecht als Modus basaler Verantwortungszurechnung und Ausdruck von hinter der Verfassung stehenden Minimalerwartungen an Sozialität ein hohes verfassungstheoretisches Erklärungspotential. Und jede Verfassung, die mit dem Strafrecht ein vorkonstitutionelles sowie voraussetzungsvolles Ordnungsmodell positiviert hat, braucht zur Erklärung eine verfassungsadäquate Theorie.

Anmerkungen

* Ich danke sehr herzlich *Klaus Frey, Wolfgang Kahl* und *Carl-Friedrich Stuckenberg* für konstruktive Kritik, Anregungen und eingehende Diskussion.

1 Vgl. für das Grundgesetz Art. 13 Abs. 3, Abs. 5 Satz 2, 74 Abs. 1 Nr. 1, 96 Abs. 5, 102, 103 Abs. 2–3 GG; für das gemeinsame europäische Recht Art. 82 f. AEUV; Art. 48–50 GRCh; für die USA Art. I Sec. 6 (1) 2, Sec. 8 (6), (10), Art. III (3), Amendment V & VI, VIII US Constitution; für Frankreich: Art. 34, 66, 66-1, 68-1 Verfassung (1958).

2 Vgl. *Martin Böse*, Grundrechte und Strafrecht als »Zwangsrecht«, in: Roland Hefendehl/Andrew von Hirsch/Wolfgang Wohlers (Hrsg.), Die Rechtsgutstheorie, 2003, S. 89 (90); überzeugende, bereinigende Grundsatzdogmatik bei *Ivo Appel*, Verfassung und Strafe, 1998.

3 Zur sinnvollen Akzessorietät einer juristischen Staatstheorie zu Rechtsformen *Christoph Möllers*, Der vermisste Leviathan, 2008, S. 114.

4 Vgl. die Forderung von *Rainer Zaczyk*, Die Notwendigkeit systematischen Strafrechts, ZStW 123 (2011), S. 691 (702 f.); ferner *Winfried Hassemer/Ulfrid Neumann*, in: Urs Kindhäuser/Ulfrid Neumann/Hans-Ullrich Paeffgen (Hrsg.), NK-StGB, Vor § 1 Rn. 104.

5 Für die Verfassungsdogmatik entsprechend *Appel* (N 2), S. 73, 426.

6 Vgl. *Roman Herzog*, Allgemeine Staatslehre, 1971, S. 157, 161; *Georg Jellinek*, Allgemeine Staatslehre, 3. Aufl. (1928), S. 388; *Hans Kelsen*, Allgemeine Staatslehre, 1925, S. 48 ff. Negativ etwa *Hans Herbert von Arnim*, Staatslehre der Bundesrepublik Deutschland, 1984; *Otto Depenheuer/Christoph Grabenwarter* (Hrsg.), Verfassungstheorie, 2010; *Karl Doehring*, Allgemeine Staatslehre, 3. Aufl. (2004); *Thomas Fleiner/Lidija R. Basta Fleiner*, Allgemeine Staatslehre, 2. Aufl. (2004); *Walter Haller/Alfred Kölz/Thomas Gächter*, Allgemeines Staatsrecht, 5. Aufl. (2013); *Görg Haverkate*, Verfassungslehre, 1992; *Martin Kriele*, Einführung in die Staatslehre, 6. Aufl. (2003); *Herbert Krüger*, Allgemeine Staatslehre, 2. Aufl. (1966), dessen obrigkeitsstaatliche Lehre mit ihrer Schwerpunktsetzung auf das Untertanenverhältnis eigentlich prädestiniert gewesen wäre, sich dem Strafrecht zu widmen; *Burkhard Schöbener/Matthias Knauff*, Allgemeine Staatslehre, 2. Aufl. (2013); *Reinhold Zippelius*, Allgemeine Staatslehre, 16. Aufl. (2010).

7 Mit Recht kritisch *Stefan Braum*, Europäische Strafgesetzlichkeit, 2003, S. 433: »historischer Bruch mit der politischen Philosophie der Aufklärung«.

8 Vgl. *Cornelia Bohnert*, Straftheorie und Staatsverständnis im Schulenstreit der Jahrhundertwende, 1992; *Heinrich Rüping*, Formen staatlicher Strafe im 18. bis 20. Jahrhundert, in: Eva Schumann (Hrsg.), Das strafende Gesetz im sozialen Rechtsstaat, 2010, S. 34 ff.; *Volkmar Schöneburg*, Strafgerechtigkeit bei Wilhelm von Humboldt, in: Sitzungsberichte der Leibnitz-Sozietät 48 (2001), S. 41 ff.

9 Etwa *Thomas Hobbes*, Leviathan, 1651/1988, XXVII; *John Locke*, Two Treatises of Government, 1698/2013, II §§ 8–12, 87–88, 105, 128–130. *Montesquieu*, Vom

Geist der Gesetze, 1748/1994, XII/2; *Samuel Pufendorf*, Elementorum Iurisprudentiae Universalis Libri Duo, 1660/1995, I 13 § 9; *ders.*, De iure naturae et gentium libri octo, 1759/1967, lib. III 6 § 2, lib. VIII 3; *Christian Wolff*, Grundsätze des Natur- und Völkerrechts, 2. Aufl. (1769), §§ 93, 154 ff., 171, 410 ff.; *Emer de Vattel*, Le droit des gens ou principes de la loi naturelle, 2. Aufl. (1777), I § 169 ff.; *Wilhelm von Humboldt*, Ideen zu einem Versuch, die Grenzen der Wirksamkeit des Staates zu bestimmen, 1792/1995, XIII; eher kursorisch *Jean-Jacques Rousseau*, Vom Gesellschaftsvertrag oder Grundzügen des Staatsrechts, 1762/2003, II 5. Und der Kampf um eine freiheitliche Strafrechtspflege war etwa ein zentrales staatspolitisches Anliegen des Liberalismus. Programmatisch etwa *Carl Joseph Anton Mittermaier*, Die Mündlichkeit, das Anklageprinzip, die Öffentlichkeit und das Geschwornengericht in ihrer Durchführung in den verschiedenen Gesetzgebungen, 1845. Zur zentralen politischen Rolle der Strafjustiz als Fokus reformatorischer Aushandlungsprozesse siehe *Alexandra Ortmann*, Machtvolle Verhandlungen: Zur Kulturgeschichte der deutschen Strafjustiz 1879–1924, 2014. Vgl. auch *Judith Shklar*, Montesquieu, 1987, S. 89, die darauf hinweist, dass Montesquieu im Zeitkontext als liberaler Theoretiker weniger wegen seiner Verfassungs- als wegen seiner Straftheorie wahrgenommen worden sei.

10 Kritisch *Matthias Jestaedt*, Die Dreiteilung der juridischen Welt, in: FS Rolf Stürmer, 2013, S. 917 (933 ff.).

11 *Matthias Jestaedt*, Wissenschaft im Recht – Rechtsdogmatik im Wissenschaftsvergleich, JZ 2014, S. 1 ff.

12 Diagnostisch *Martin Morlok*, Soziologie der Verfassung, 2014, S. 67 f. Letztlich verläuft diese parallel zum all-

gemeinen Bedeutungszuwachs des Verfassungsrechts, so *Lothar Kuhlen*, Das Grundgesetz als Herausforderung für Strafprozess- und Strafrecht, in: Michael Stolleis (Hrsg.), Das Bonner Grundgesetz, 2006, S. 39 (51 f.).

13 *Klaus Ferdinand Gärditz*, Strafbegründung und Demokratieprinzip, Der Staat 49 (2010), S. 331 (332 ff.).

14 Schnittmengen anerkennt *Tatjana Hörnle*, Theories of Criminalization, in: Markus D. Dubber/dies. (Hrsg.), The Oxford Handbook of Criminal Law, 2014, S. 679 (684 f.); eine Wiedervereinigung unternimmt *Benno Zabel*, Kulturen der Kontrolle: Zum Risiko- und Konfliktmanagement des modernen Rechtsstaates, KritV 2011, S. 18 ff. Akzente setzt der von *Beatrice Brunhöber* herausgegebene Sammelband »Strafrecht im Präventionsstaat« (2014), der in der Reihe »Staatsdiskurse« erschienen ist, die ausweislich des Reihenherausgebers »eine integrative Staatswissenschaft« (*Rüdiger Voigt*, Editorial) zum Ziel hat.

15 *Matthias Jestaedt*, Die Verfassung hinter der Verfassung, 2009, S. 19.

16 *Matthias Jestaedt*, Verfassungstheorie als Disziplin, in: Depenheuer/Grabenwarter (N 6), Verfassungstheorie, 2010, § 1 Rn. 28.

17 *Oliver Lepsius*, Braucht das Verfassungsrecht eine Theorie des Staates?, EuGRZ 2004, S. 370 (379 f.).

18 *Oliver Lepsius*, Funktion und Wandel von Staatsverständnissen, in: Andreas Voßkuhle/Christian Bumke/Florian Meinel (Hrsg.), Verabschiedung und Wiederentdeckung des Staates im Spannungsfeld der Disziplinen, 2013, S. 37 (44).

19 *Gunnar Folke Schuppert*, Staat als Prozess, 2010, S. 10 ff.

20 *Lepsius* (N 18), S. 40 f.

21 Vgl. *Nicola Lacey*, State Punishment, 2. Aufl. (1994), S. 2: »but one part of an integrated political philosophy«; ähnlich *Winfried Hassemer*, Darf es Straftaten geben, die ein strafrechtliches Rechtsgut nicht in Mitleidenschaft ziehen, in: Hefendehl u. a. (N 2), S. 57 (68).

22 Explizit noch BVerfGE 5, 85 (379). Für die vorrechtliche Legitimierung einer Verfassung siehe *Hasso Hoffmann*, Legitimität und Rechtsgeltung, 1977, S. 60 ff.

23 Historisch-kontextualisierend entfaltet bei *Benno Zabel*, Die ordnungspolitische Funktion des Strafrechts, ZStW 120 (2008), S. 68 ff.

24 Zu deren theoretischem Beschreibungswert *Jestaedt* (N 16), § 1 Rn. 38.

25 Vgl. *Jestaedt* (N 15), S. 55 ff.

26 Hierzu *Klaus Ferdinand Gärditz*, Überstaatliche Strafgewalt – Weltstrafrecht, in: Josef Isensee/Paul Kirchhof (Hrsg.), HStR XI, § 245, 2013, Rn. 20 ff.

27 Vgl. *Michael Kubiciel*, Die Wissenschaft vom Besonderen Teil des Strafrechts, 2013, S. 129 f. Siehe etwa *Ernst J. Lampe*, Strafphilosophie, 1999, S. 1, der ein alltagssprachliches Verständnis von Strafe zugrunde legt; *Ulfrid Neumann*, Institution, Zweck und Funktion staatlicher Strafe, in: FS Günter Jakobs, 2007, S. 435 (438 f.), der auf Sprachregeln als Spiegel institutioneller Institutionen abstellt.

28 *Kubiciel* (N 27), S. 181, 267. Zur damit verbundenen Unterscheidung von Verhaltens- und Sanktionsnorm *Otto Lagodny*, Strafrecht vor den Schranken der Grundrechte, 1996, S. 55 ff.; ferner *Appel* (N 2), S. 500 ff.; aus grundrechtsdogmatischer Sicht für eine Zusammenschau aber *Böse* (N 2), S. 91 ff. Siehe auch *Justus Krümpelmann*, Dogmatische und empirische Probleme des sozialen

Schuldbegriffs, GA 1983, S. 337 (343): »Verstärkungsmittel« der jeweiligen Norm.

29 Mit Recht weist *Kubiciel* (N 27), S. 130 f., darauf hin, dass Begriff und Legitimation von Strafe zweierlei sind.

30 Vgl. *Elmar Wadle*, Die Entstehung der öffentlichen Strafe, in: Heike Jung/Heinz Müller-Dietz/Ulfrid Neumann (Hrsg.), Perspektiven der Strafrechtsentwicklung, 1996, S. 9 (12 ff.).

31 Zu Korpus und System eines islamischen Strafrechts etwa *Mathias Rohe*, Das islamische Recht, 2. Aufl. (2009), S. 122 ff.; *Silvia Tellenbach*, Islamic Criminal Law, in: Dubber/Hörnle (N 14), S. 248 (251 ff.); *Christoph Zehetgruber*, Islamisches Strafrecht und europäische Werteordnung, 2010, S. 59 ff.

32 Vgl. die zentrale Bedeutung allgemeiner Rechtsgrundsätze im Völkerstrafrecht: *Anne Peters*, Die Zukunft der Völkerrechtswissenschaft: Wider den epistemischen Nationalismus, ZaöRV 67 (2007), S. 721 (757 f.).

33 Vgl. die grundlegende Systembeschreibung bei *Theodor Mommsen*, Römisches Strafrecht, 1899.

34 Zum Amalgam aus autoritären westlichen Strafrechtskonzepten des Marxismus-Leninismus, Maoismus und vorgefundenem Konfuzianismus *Chi-Yu Cheng*, The Chinese Theory of Criminal Law, 39 J. CRIM. L. & CRIMINOLOGY 461–470 (1948–1949); *Percy R. Luney*, Traditions and Foreign Influences, 52 LAW & CONTEMP. PROBS. 129, 141 (1989).

35 Vergleichend *Harry R. Dammer/Jay S. Albanese*, Comparative Criminal Justice Systems, 5. Aufl. (2013), S. 38–62; für ein formales Verständnis von Strafe daher *Vincent Geeraets*, Punishment as an Argument, ARSP 100 (2014), S. 467 ff.

36 *Michel Foucault*, Überwachen und Strafen, 14. Aufl. (2013).

37 Zur Strafrechtstheorie *Jeffrie G. Murphy*, Marxism and Retribution, 2 Philosophy & Public Affairs 217 ff. (1973); *Evgeny B. Pashukanis*, Law and Marxism, 1929/1989 S. 173 ff.; *Mark Tunick*, Punishment: Theory and Practice, 1992, S. 46 ff.

38 *Karl Marx*, Die Todesstrafe – Herrn Cobdens Pamphlet – Anordnungen der Bank von England, 1853, in: MEW, Bd. 8, 1960, S. 506 (507).

39 Eingehend *Norbert Hoerster*, Muss Strafe sein?, 2012, S. 15 ff.

40 *Winfried Hassemer*, Warum Strafe sein muss, 2009, S. 32–49; ähnlich *Joel Feinberg*, Harm to Others, 1984, S. 22 f.; *Heike Jung*, Zur Privatisierung des Strafrechts, in: Jung/Müller-Dietz/Neumann (N 30), S. 69 (76 f.).

41 Mit besonderer Klarheit schon der Utopist *James Harrington*, The Commonwealth of Oceana, 1556/1992, S. 20 (hrsg. von John Greville Agard Pocock), in seiner Hobbeskritik.

42 Grundlegend *Mirjan R. Damaška*, The Faces of Justice and State Authority, 1986, S. 16 ff.

43 Vgl. *Lacey* (N 21), S. 8.

44 *Nils Christie*, Wieviel Kriminalität braucht die Gesellschaft?, 2005, S. 147.

45 *Kelsen* (N 6), S. 48. Siehe auch *Ernst Beling*, Die Vergeltungsidee und ihre Bedeutung für das Strafrecht, 1905, S. 5; *Carl-Friedrich Stuckenberg*, Untersuchungen zur Unschuldsvermutung, 1998, S. 492.

46 *Günther Jakobs*, Strafrecht – Allgemeiner Teil, 2. Aufl. (1992), Kap. 1 Rn. 1. Ganz ähnlich *Marx* (N 38), S. 508: »[So] ist die Strafe nichts anderes als ein Verteidigungs-

mittel der Gesellschaft gegen die Verletzung ihrer Lebensbedingungen, was auch immer deren Inhalt sein mag«.

47 *Hasso Hofmann*, Das Recht des Rechts, das Recht der Herrschaft und die Einheit der Verfassung, 1998, S. 61, 70, 72.

48 Symbolträchtig etwa Art. 1 Abs. 2 GG. Insgesamt kritisch *Hofmann* (N 47), S. 51.

49 Vgl. auch *Braum* (N 7), S. 433.

50 *Lacey* (N 21), S. 3.

51 *Harold J. Berman*, The Interaction of Law and Religion, 1974, S. 54 ff.

52 *Kelsen* (N 6), S. 24.

53 *H. Patrick Glenn*, Legal Traditions of the World, 4. Aufl. (2010), S. 72.

54 Zur Struktur siehe etwa *Harold J. Berman*, Recht und Revolution, 2. Aufl. (1991), S. 307 ff.; *Richard H. Helmholz*, The Spirit of Classical Canon Law, 2010, S. 257 ff., 284 ff.; *Lotte Kéry*, Gottesfurcht und irdische Strafe, 2006; *Jeffrie G. Murphy*, Christian love and criminal punishment, in: John Witte (Hrsg.), Christianity and Law: An Introduction, 2008, S. 219 ff.

55 Zu Staatsanalogien siehe *Dagmar Schaaf*, Der kirchliche Strafanspruch, 2007.

56 Hierzu *Berman* (N 54), S. 327 ff.; *Horst Dreier*, Kanonistik und Konfessionalisierung, JZ 2002, S. 1 (2 ff.); *Thomas E. Woods*, How the Catholic Church Built Western Civilization, 2012, S. 189 ff. Für die Prägung der Strukturen des modernen Strafprozessrechts *Heikki Pihlajamäki/Mia Korpiola*, Medieval Canon Law: The Origins of Modern Criminal Law, in: Dubber/Hörnle (N 14), S. 201 ff.;

Franck Roumy, Les origines pénales et canoniques de l'idée moderne d'ordre judicaire, in: Mathias Schmoeckel/Orazio Condorelli/Franck Roumy (Hrsg.), Der Einfluss der Kanonistik auf die europäische Rechtskultur: Bd. 3: Straf- und Strafprozessrecht, 2012, S. 313 ff.

57 Hierzu *Udo Di Fabio*, Das Recht offener Staaten, 1998, S. 16 ff.; *Klaus Ferdinand Gärditz*, Weltrechtspflege, 2006, S. 43 ff.; *Stefan Oeter*, Integration und Subsidiarität im deutschen Bundesstaatsrecht, 1998, S. 18 ff.; *Schuppert* (N 19), S. 66 ff.

58 Vgl. für das Strafrecht *Karl Ludwig Wilhelm von Grolmann*, Grundsätze der Criminalrechtswissenschaft, 1798, S. 123 f.

59 *Wolfgang Reinhardt*, Geschichte der Staatsgewalt, 2. Aufl. (2000), S. 291 ff.

60 *Wolfgang Hoffmann-Riem*, Kriminalpolitik als Gesellschaftspolitik, 2000, S. 55; *Reinhardt* (N 59), S. 288.

61 Zu diesem wesentlichen, kanonisch vorgeprägten Rationalisierungsschritt *Günter Jerouschek*, »Ne crimina maneant impunita«, ZRG Kann. Abt. 89 (2003), S. 323 ff.; *Peter Landau*, »Ne crimina maneant impunita«, in: Mathias Schmoeckel/Orazio Condorelli/Franck Roumy (Hrsg.), Der Einfluss der Kanonistik auf die europäische Rechtskultur: Bd. 3: Straf- und Strafprozessrecht, 2012, S. 23 ff.

62 Vgl. *Zabel* (N 23), S. 73 f.

63 Vgl. *Wolfgang Reinhardt*, Geschichte des modernen Staates, 2007, S. 122 f.

64 So *Lepsius* (N 17), S. 376.

65 Vgl. *Thomas Hobbes*, De Cive, 1646/1984, XIV. 6., 8.; *Jeremy Bentham*, Of Laws in General, hrsg. von Herbert L. A. Hart, 1945, XI. 15. (S. 140); eingehend *Joachim Ren-*

zikowski, Die Unterscheidung von primären Verhaltens- und sekundären Sanktionsnormen in der analytischen Rechtstheorie, in: FS Karl Heinz Gössel, 2002, S. 3 ff.

66 *Michael Kubiciel*, Strafrechtswissenschaft und europäische Kriminalpolitik, ZIS 2010, S. 742.

67 Vgl. *Leo Zaibert*, Philosophy, in: Dubber/Hörnle (N 14), S. 131 (147); ferner *Shklar* (N 9), S. 89.

68 *Zabel* (N 23), S. 80 f.

69 Vgl. etwa *Grolmann* (N 58), S. 105: »Criminalgewalt [...] als ein Theil der Polizeigewalt«; *von Humboldt* (N 9), XIII. Exemplarisch zur Uniformität des straf- und polizeirechtlichen Sicherheitsbegriffes *Hans Maier*, Die ältere Staats- und Verwaltungslehre, 2. Aufl. (1980), S. 82 ff.; *Kurt Wolzendorff*, Der Polizeigedanke des modernen Staates, 1918, S. 13; *Zabel* (N 23), S. 89. Zur Entstehung eines fluiden Grenzregimes *James Paul Goldschmidt*, Verwaltungsstrafrecht, 1902, S. 2 ff. Zur lediglich institutionell-ressorttechnischen Ausdifferenzierung der Justiz *Franz-Ludwig Knemeyer*, Polizeibegriffe des 15. bis 18. Jahrhunderts, AöR 92 (1963), S. 153 (171 ff.); *Peter Preu*, Polizeibegriff und Staatszwecklehre, 1983, S. 59 ff., 291 ff.

70 Vgl. *Neumann* (N 27), S. 438 f.

71 Eingehend *Günther Jakobs*, System der strafrechtlichen Zurechnung, 2012, S. 1 ff., 22 ff.

72 Vgl. *Winfried Hassemer*, Theorie und Soziologie des Verbrechens, 1983, S. 194 ff.

73 Für eine Zusammenschau auch *Zaczyk* (N 4), S. 699.

74 Zur sozialen Funktion *Wilhelm Kaltenstadler*, Das Haberfeldtreiben, 1999; *ders.*, Das Haberfeldtreiben: Geschichte und Mythos eines Sittenrituals, 2011.

75 *Nonso Okereafoezeke*, Law and Justice in Post-British Nigeria, 2001, S. 11 ff.; *Osama Siddique*, Pakistan's Experience with Formal Law: An Alien Justice, 2013, S. 43 ff.

76 Vgl. andeutungsweise *Rainer Zaczyk*, Selbstsein und Recht, 2014, S. 85.

77 *Volker Boehme-Neßler*, Inszeniertes Recht?, RTh 42 (2011), S. 167 ff.; *Peter Goodrich*, Legal Emblems and the Art of Law, 2014, S. 247 ff.

78 *Winfried Hassemer*, Einführung in die Grundlagen des Strafrechts, 2. Aufl. (1990), S. 163; *Heike Jung*, (Fernseh) Bilder der Justiz oder wieviel Öffentlichkeit verträgt die Hauptverhandlung?, in: Jocelyn Leblois-Happe/ Carl-Friedrich Stuckenberg (Hrsg.), Was wird aus der Hauptverhandlung?, 2014, S. 167 (168).

79 Zuletzt BVerfGE 133, 168 ff.

80 § 268 Abs. 1 StPO.

81 Zum expressiven Gehalt der Strafe *R. Antony Duff*, Trials and Punishments, 1986, S. 235 ff.; *Joel Feinberg*, The Expressive Function of Punishment, in: ders., Doing and Deserving, 1974, S. 95 ff.; *Klaus Günther*, Die symbolisch-expressive Bedeutung der Strafe, in: FS f. Klaus Lüderssen, 2002, S. 205 (207 ff.); *Winfried Hassemer*, Das Symbolische am symbolischen Strafrecht, in: FS Claus Roxin, 2001, S. 1001 (1112 ff.); *Tatjana Hörnle*, Tatproportionale Strafzumessung, 1999, S. 112 ff.; *Tobias Zürcher*, Legitimation von Strafe, 2014, S. 127 ff.

82 Eingehend *Klaus F. Gärditz*, Verfahrensöffentlichkeit im Strafprozess, in: FS Hans-Ullrich Paeffgen, 2015, S. 439 (459 ff.).

83 *Winfried Hassemer*, Freiheitliches Strafrecht, 2001, S. 111.

84 Vgl. BVerfGE 81, 298 (308).

85 *Rudolf Smend*, Staatsrechtliche Abhandlungen, 1955, S. 260 ff. In dieser Tradition *Peter Häberle*, Nationalhymnen als kulturelles Element des Verfassungsstaates, 2007, S. 49 ff.; *ders.*, Nationalflaggen, 2008.

86 Vgl. *Thomas Weigend*, »Die Strafe für das Opfer«? – Zur Renaissance des Genugtuungsgedankens im Straf- und Strafverfahrensrecht, RW 2010, S. 39 (42).

87 *Christoph Möllers*, Staat als Argument, 2. Aufl. (2011), S. 276 f.

88 *Ernst-Wolfgang Böckenförde*, Der verdrängte Ausnahmezustand, NJW 1978, S. 1881 (1884); *Stuckenberg* (N 45), S. 502; ähnlich *Winfried Brugger*, Konkretisierung des Rechts und Auslegung der Gesetze, AöR 119 (1994), S. 1 (3 f.).

89 *Detlef Merten*, Rechtsstaat und Gewaltmonopol, 1975, S. 42 ff.; *Möllers* (N 87), S. 277 f.

90 *Möllers* (N 87), S. 277.

91 Vgl. auch *Ernst Amadeus Wolff*, Das neuere Verständnis von Generalprävention und seine Tauglichkeit für eine Antwort auf Kriminalität, ZStW 97 (1985), S. 786 (818 f., 826).

92 In diesem Sinne *Markus Möstl*, Die staatliche Garantie für die öffentliche Sicherheit und Ordnung, 2002, S. 151. Zur traditionellen Einkleidung in das Gewaltmonopol *Georg Ress*, Staatszwecke im Verfassungsstaat – nach 40 Jahren Grundgesetz, VVDStRL 48 (1990), S. 56 (83). Vgl. bereits *Locke* (N 9), II § 87; *von Humboldt* (N 9), XIII: das »vielleicht wichtigste Mittel für die Sicherheit der Bürger Sorge zu tragen«.

93 *Hofmann* (N 47), S. 22; *Matthias Jestaedt*, Grundrechtsentfaltung im Gesetz, 1999, S. 290 f., 295 f.; zum Fortbe-

stand der dahinter stehenden Rationalität *Zabel* (N 14), S. 21.

94 *Hobbes* (N 9), XXVII–XXVIII.

95 Zur rechtsstaatlichen Idealisierung aus historischer Sicht vergleiche *Ernst S. Carsten/Erardo C. Rautenberg*, Die Geschichte der Staatsanwaltschaft in Deutschland bis zur Gegenwart, 2. Aufl. (2012), S. 49 ff.; *Claus Roxin*, Rechtsstellung und Zukunftsaufgaben der Staatsanwaltschaft, DRiZ 1969, S. 985; *Eberhard Schmidt*, Einführung in die Geschichte der deutschen Strafrechtspflege, 3. Aufl. (1965), S. 330 f.; mit realistischer Skepsis und unter Betonung des adversarischen Elements bereits *Franz von Liszt*, Stellung der Verteidigung in Strafsachen, DJZ 1901, S. 179 (180).

96 BVerfGE 39, 196 (201); 44, 249 (165); 99, 300 (315); 107, 218 (237); 114, 258 (288).

97 Vgl. *Hans Gerber*, Entwicklung und Reform des Beamtenrechts, VVDStRL 7 (1932), S. 2 (4): »Der Sinn des Beamtentums hängt nicht mit einem bestimmten Staatsformprinzip zusammen [...]«.

98 Für eine moderne Deutung überzeugend BVerfGE 119, 247 (261 f.); *Markus Kenntner*, Sinn und Zweck des hergebrachten Berufsbeamtentums, DVBl. 2007, 1321 (1326 ff.); *Herbert Landau/Martin Steinkühler*, Zur Zukunft des Berufsbeamtentums in Deutschland, DVBl. 2007, S. 133 (135 ff.); *Josef Franz Lindner*, Zur politischen Legitimation des Berufsbeamtentums, 2014, S. 19 ff.; polemische Systemkritik bei *Hans Peter Bull*, Beamte – die vernachlässigten Hüter des Gemeinwohls?, DÖV 2007, S. 1029 (1031 f.).

99 *Hobbes* (N 9), XXVII.

100 Zur Konstruktion *William J. Hoye*, Sünde und Gottesliebe nach Thomas von Aquin, in: Albert Zimmermann (Hrsg.). Die Mächte des Guten und Bösen, 1977, S. 206 (233 f.); *Stephan Kuttner*, Kanonistische Schuldlehre von Gratian bis auf die Dekretalen Gregors IX., 1935, S. 31 ff.; *D. J. MacQueen*, Contemptus Dei : St Augustine on the disorder of Pride in Society, and its Remedies, 9 Recherches Augustiniennes et Patristiques 227 ff. (1973); *Carl-Friedrich Stuckenberg*, Vorstudien zu Vorsatz und Irrtum im Völkerstrafrecht, 2007, S. 515 f.

101 Vgl. *Roger D. Congleton*, Perfecting Parliaments, 2011, S. 573 ff.; *Di Fabio* (N 57), S. 33; *Hasso Hofmann*, Repräsentation, 4. Aufl. (2003), S. 321 ff.

102 Eine Schlüsselrolle nimmt hierbei die Mechanik des internen und externen Weisungsrechts gegenüber der Staatsanwaltschaft ein. Vgl. *Hans-Ullrich Paeffgen*, Das externe Weisungsrecht des Justizministers – ein obsoletes Institut?, in: GS Ellen Schlüchter, 2002, S. 563 (568 ff.).

103 Etwa *Tatjana Hörnle*, Unterschiede zwischen Strafverfahrensordnungen und ihre kulturellen Hintergründe, ZStW 117 (2005), S. 801 ff.; für die Verklammerung von Beweisregeln mit der institutionellen Einrahmung sowie den daraus entstehenden Divergenzen anschaulich *Richard Vogler*, The Principle of Immediacy in English Criminal Procedural Law, ZStW 126 (2014), S. 239 ff.

104 Kritische Bewertung bei *John H. Langbein*, Adversary Criminal Trial, 2003, S. 338 ff.

105 Eine differenzierte Analyse, die den feinen Bedeutungen von Staat im Recht – und dem staatsähnlichen Surrogat der *Crown* – nachspürt, bei *Janet McLean*, Searching for the State in British Legal Thought, 2012; ferner *Oliver*

Lepsius, Der britische Verfassungswandel als Erkenntnisproblem, JöR N.F. 57 (2009), S. 559 (577, 579 f.); *Martin Loughlin*, The State, the Crown and the Law, in: Maurice Sunkin/Sebastian Paine (Hrsg.), The Nature of the Crown, 1999, S. 33 ff.

106 Hierzu eingehend *Ross Gordon Green*, Justice in Aboriginal Communities: Sentencing Alternatives, 1998. Siehe exemplarisch zu Ruanda: *Jacques Fierens*, Gacaca Courts, 3 *Journal of International Criminal Justice* 869 ff. (2005); *Hildegard Lingnau*, An Alternative Approach to Justice, VRÜ 36 (2003), S. 582 ff.; *Jeremy Sarkin*, The Tension between Justice and Reconciliation in Rwanda, 45 JOURNAL OF AFRICAN LAW 143 ff. (2001); *William A. Schabas*, Genocide Trials and Gacaca Courts, 3 JOURNAL OF INTERNATIONAL CRIMINAL JUSTICE 879 ff. (2005); zur indianischen Stammesgerichtsbarkeit in Kanada *Bruce P. Archibald*, Co-ordinating Canada's Restorative and Inclusionary Models of Criminal Justice, 9 CANADIAN CRIMINAL LAW REVIEW 215 ff. (2005).

107 *Glenn* (N 53), S. 72 f.

108 Affekte gegen ein negatives Freiheitsverständnis können daher nicht überraschen, vgl. *Günther Jakobs*, Buchbesprechung, ZStW 110 (1998), S. 716 (718 f.).

109 *Jestaedt* (N 93), S. 292.

110 Vgl. *Sebastian Unger*, Das Verfassungsprinzip der Demokratie, 2008, S. 252.

111 So etwa *Günther Jakobs*, Staatliche Strafe: Bedeutung und Zweck, 2004, S. 25 f.; *Rainer Zaczyk*, Demokratieprinzip und Strafbegründung, Der Staat 50 (2011), S. 295 ff.

112 *Rüping* (N 8), S. 48.

113 *Hörnle* (N 14), S. 679; *Douglas Husak*, Overcriminalization, 2009, S. VII; *Zabel* (N 23), S. 69 ff. Pointiert auch

Antonio Martins, Der Begriff des Interesses und der demokratische Inhalt der personalen Rechtsgutslehre, ZStW 125 (2013), S. 234 (239): »In Frage steht das Verhältnis von Staatsgewalt und Individuum – also: ein Staatsmodell«.

114 Treffend *Pashukanis* (N 37), S. 168.

115 *John Hart Ely*, Democracy and Distrust, 1980, S. 176; *Lacey* (N 21), S. 2.

116 *Otto Depenheuer*, Funktionen der Verfassung, in: ders./ Grabenwarter (N 6), § 16 Rn. 42; *Uwe Volkmann*, Sicherheit und Risiko als Probleme des Rechtsstaats, JZ 2004, S. 696 (698).

117 Vgl. *Hofmann* (N 47), S. 71.

118 *Montesquieu* (N 9), XII/2. Wer unter den gerechtesten Strafgesetzen eines Staates – Montesquieu bezieht bezeichnenderweise das Prozessrecht ein – verurteilt und gehängt werde, sei freier als ein Pascha in der Türkei.

119 *Claus Roxin/Bernd Schünemann*, Strafverfahrensrecht, 28. Aufl. (2014), § 2 Rn. 1.

120 Dazu treffend *Lepsius* (N 18), S. 43.

121 *Christina Schlepper*, Strafgesetzgebung in der Spätmoderne, 2014, S. 176–198.

122 Vgl. *Oliver Lepsius*, Was kann die deutsche Staatsrechtslehre von der amerikanischen Rechtswissenschaft lernen?, in: Helmuth Schulze-Fielitz (Hrsg.), Staatsrechtslehre als Wissenschaft, 2007, S. 319 (352).

123 Vgl. *Martin Morlok*, Was heißt und zu welchem Ende studiert man Verfassungstheorie?, 1988, S. 126.

124 Vgl. BVerfGE 6, 389 (428 ff.); 36, 41 (45 f.).

125 BVerfGE 39, 1; 88, 203. Die Debatten kontextsensibel nachgezeichnet bei *Monika Frommel*, Der mühsame

Prozess der Reform des § 218 StGB, KritV 2009, S. 181 (185 ff.).

126 BVerfGE 120, 224.

127 Hierzu *Arnold Angenendt/Michael Pawlik/Andreas von Arnauld de la Perrière* (Hrsg.), Religionsbeschimpfung: Der rechtliche Schutz des Heiligen, 2007; *Christian Hillgruber*, Blasphemie, KuR 2013, S. 1 ff.; *Tatjana Hörnle*, Bekenntnisbeschimpfung (§ 166 StGB): Aufheben oder Ausweiten?, JZ 2015, S. 293 ff.; *Josef Isensee*, Meinungsfreiheit im Streit mit der Religion – »Gotteslästerung« heute, AfP 2013, S. 189 ff.; *Andreas Voßkuhle*, Religionsfreiheit und Religionskonflikt, EuGRZ 2010, S. 537 (543).

128 BVerfGE 90, 145.

129 BVerfGE 73, 206.

130 Vgl. aus jüngerer Zeit etwa BVerfGE 100, 313 – strategische Fernmeldeüberwachung nach G 10; BVerfGE 109, 279 – Großer Lauschangriff; BVerfGE 120, 274 – Online-Durchsuchung; BVerfGE 125, 260 – Vorratsdatenspeicherung; BVerfGE 129, 208 – Neuregelung der Telekommunikationsüberwachung; BVerfGE 130, 1 – präventiv-polizeiliche akustische Wohnraumüberwachung; BVerfGE 130, 151 – Telekommunikationsbestandsdaten; BVerfGE 133, 277 – Anti-Terrordatei.

131 Dazu etwa *Peter-Alexis Albrecht*, Das Strafrecht auf dem Weg vom liberalen Rechtsstaat zum sozialen Interventionsstaat, KritV 1988, S. 182 ff.; *Hans-Ullrich Paeffgen*, »Verpolizeilichung« des Strafprozesses – Chimäre oder Gefahr?, in: Jürgen Wolter (Hrsg.), Zur Theorie und Systematik des Strafprozeßrechts, 1995, S. 13 ff.; *ders.*, Hat der Strafprozeß einen Sicherungs-/Sicherheitsauf-

trag?, DRiZ 1998, S. 317 ff.; *Rainer Zaczyk*, Prozeßsubjekte oder Störer?, StV 1993, S. 490 ff.

132 Treffend *Zabel* (N 23), S. 101.

133 *Zabel* (N 14), S. 28 f. Vor einer Adaption des Konzepts der Daseinsvorsorge im Strafrecht warnt *Felix Herzog*, Gesellschaftliche Unsicherheit und strafrechtliche Daseinsvorsorge, 1991, S. 58 ff.

134 Anschaulich für das Verwaltungsrecht *Wolfgang Kahl*, Die Konkretisierung verwaltungsrechtlicher Sittlichkeitsklauseln, VerwArch 99 (2008), S. 451 ff.

135 Vgl. am Beispiel der Homosexualität *Stefan Huster*, Die ethische Neutralität des Staates, 2002, S. 567.

136 Progammatisch mit freiheitsrechtlichen und demokratischen Implikationen *Horst Dreier*, Der freiheitliche Verfassungsstaat als riskante Ordnung, RW 2010, S. 11 ff.

137 Vgl. *Uwe Volkmann*, Polizeirecht als Sozialtechnologie, NVwZ 2009, S. 216 ff.

138 *Herzog* (N 6), S. 157; *Günther Jakobs*, Bürgerstrafrecht und Feindstrafrecht, HRRS 2004, S. 88 (92); ferner im Kontrast zur Gefahrenabwehr *Winfried Hassemer*, Sicherheit durch Strafrecht, HRRS 2006, S. 130 (139, 143); zum dann notwendigen Konnex von Risiko und Zurechnung *Cornelius Prittwitz*, Strafrecht und Risiko, 1992, S. 358.

139 Vgl. konzeptionell *Uwe Volkmann*, Solidarität, 1998, S. 227 f.

140 Vgl. *Günther Jakobs*, Norm, Person, Gesellschaft, 3. Aufl. (2011), S. 68.

141 *Zabel* (N 14), S. 23.

142 *Hoerster* (N 39), S, 15; *Merten* (N 89), S. 41.

143 *Zaczyk* (N 4), S. 695.

144 Vgl. evolutiv *Morris B. Hoffmann*, The Punisher's Brain, 2014, S. 161 ff.

145 *R. Antony Duff*, Punishment, Communication, and Community, 2001, S. 75 ff.; ähnlich *Braum* (N 7), S. 434; *Michael Kahlo*, Die Handlungsform der Unterlassung als Kriminaldelikt, 2001, S. 204; *Lacey* (N 21), S. 134: »criminal law as a collective enterprise«. Anders gewendet, Strafrecht kommt nicht ohne Gesellschaftstheorie aus. Vgl. *Jakobs* (N 140), passim; ferner *John Braithwaite/Philip Pettit*, Not Just Deserts: A Republican Theory of Criminal Justice, 1990, S. 62.

146 *Paul Johann Anselm von Feuerbach*, Betrachtungen über die Öffentlichkeit und Mündlichkeit der Gerechtigkeitspflege, 1821, S. 167 f.; *Georg Wilhelm Friedrich Hegel*, Grundlinien der Philosophie des Rechts, 1820 [1977], § 224. Stellvertretend aus jüngerer Zeit *Hassemer* (N 191), S. 109; *Katrin Gierhake*, Zur Begründung des Öffentlichkeitsprinzips im Strafverfahren, JZ 2013, 1030 (1034 ff.); *Jakobs* (N 140), passim; *Emanuel Melissaris*, Theories of Crime and Punishment, in: Dubber/Hörnle (N 14), S. 355 (366).

147 Analytisch *Pashukanis* (N 37), S. 178.

148 Vgl. *Christoph Möllers*, Die drei Gewalten, 2008, S. 89.

149 *Rainer Zaczyk*, Staat und Strafe, in: Götz Landwehr (Hrsg.), Freiheit, Gleichheit, Selbstständigkeit, 1999, S. 73 (81).

150 *Christoph Möllers*, Gewaltengliederung, 2005, S. 28 ff.

151 *Peter Ramsay*, Democratic Limits to Preventive Criminal Law, in: Andrew Ashworth/Lucia Zedner/Patrick Tomlin (Hrsg.), Prevention and the Limits of the Criminal Law, 2013, S. 214 ff.

152 *Braithwaite/Pettit* (N 145), S. 54 ff., 202 f. Paradigmatisch *John Dewey*, Democracy and Education, 1916/2008, S. 80: »A democracy is more than a form of government; it is primarily a mode of associated living […]«.

153 Reanimiert etwa bei *Zaczyk* (N 4), S. 695.

154 *Christoph Möllers*, Demokratie – Zumutungen und Versprechen, 2008, S. 22 f.

155 Diagnostisch *Jesús-María Sila Sánchez*, Die Expansion des Strafrechts, 2003, S. 7 ff.

156 *Lawrence Rosen*, The Justice of Islam, 2000, S. 69. Vgl. ferner *Kelsen* (N 6), S. 48 ff., auch zum Unterschied zwischen den das Strafrecht dominierenden Fragen des Inhalts/Zurechnungsgrundes und der formalen rechtstheoretischen Zurechnung.

157 BVerfGE 133, 168 (197 f.); *Tatjana Hörnle*, Human Dignity and the Principle of Culpability, 44 Isr. L. Rev. 115, 139 (2011).

158 BVerfGE 33, 367 (383); 38, 105 (118); 77, 65 (76).

159 Vgl. *Rousseau* (N 9), II 5 (S. 37 f.); hierzu *Joachim Renzikowski*, Strafrecht und Strafbegründung bei Rousseau, Jahrbuch für Recht und Ethik 20 (2012), S. 155 (166 ff.).

160 Zur Freiheitsrelevanz der Rechtsfolgen *Shklar* (N 9), S. 90.

161 *Lawrence M. Friedman*, Law in America, 2002, S. 75 ff.

162 *Tatjana Hörnle*, Straftheorien, 2011, S. 42 f. Zur Grundsatzdiskussion, ob auch eine sanktionslose Schuldfeststellung diesen Bedürfnissen genügen könnte (was zu verneinen ist), siehe stellvertretend *Duff* (N 81), S. 240 ff.

163 *James Q. Whitman*, Harsh Justice, 1993, S. 192 ff.

164 Art. 102 GG.

165 Vgl. auch *Ely* (N 115), S. 173 ff.

166 BVerfGE 45, 178 (227 ff.).

167 Dekuvrierend *Otfried Höffe*, Gibt es ein interkulturelles Strafrecht?, 1999, S. 49, der bei seiner Identifikation universalisierbarer Bausteine des Strafrechts die Demokratie für »nicht unmittelbar einschlägig« hält.

168 *Ivo Appel*, Rechtsgüterschutz durch Strafrecht?, KritV 1999, S. 278 (286 f.); *Gärditz* (N 13), S. 337 ff.; *Carl-Friedrich Stuckenberg*, Grundrechtsdogmatik statt Rechtsgutslehre, GA 2011, S. 653 (658); ferner *Knut Amelung*, Der Begriff des Rechtsguts in der Lehre vom strafrechtlichen Rechtsgüterschutz, in: Hefendehl u.a (N 2), S. 155 (163). Positive Ausnahmen jüngst *Kubiciel* (N 27), S. 21 f.; *Michael Pawlik*, Das Unrecht des Bürgers, 2012, S. 102 ff.

169 *Appel* (N 168), S. 287.

170 Zu den Gefahren einer unkritischen Übernahme von teils autoritären und unfreiheitlichen Elementen treffend *Tatjana Hörnle*, Strafrecht und Rechtsphilosophie, in: FS Juristische Fakultät der HU Berlin, 2010, S. 1265 (1274).

171 Allgemein und pointiert *Jestaedt* (N 93), S. 288.

172 Im Zentrum demokratischer Verfassungstheorie stehen daher auch Institutionen und Verfahren der Rechtserzeugung. Hierzu *Oliver Lepsius*, Rechtswissenschaft in der Demokratie, Der Staat 52 (2013), S. 157 ff.

173 *Christoph Möllers*, Expressive versus repräsentative Demokratie, in: Regina Kreide/Andreas Niederberger (Hrsg.), Transnationale Verrechtlichung, 2008, S. 159 (166).

174 Vgl. *Dieter Grimm*, Das Öffentliche Recht vor der Frage seiner Identität, 2012, S. 31: subjektive Freiheit statt objektiver Richtigkeit.

175 Vgl. *Friedman* (N 161), S. 18: »Law is man-made and instrumental«.

176 *Zabel* (N 14), S. 29 f.

177 *Günther Jakobs*, Das Strafrecht zwischen Funktionalismus und »alteuropäischem« Prinzipiendenken, ZStW 107 (1995), S. 843 (844 ff.); *Lacey* (N 21), S. 125 f. für die Kritik etwa *Kahlo* (N 145), S. 91 ff.; *Wolff* (N 91), S. 806 ff.; *Zaczyk* (N 4), S. 701.

178 Treffend *Niklas Luhmann*, Das Recht der Gesellschaft, 6. Aufl. (2013), S. 214 ff.: »Kontingenzformel«.

179 Anschaulich *Andreas Voßkuhle/Johannes Gerberding*, Michael Kohlhaas und der Kampf ums Recht, JZ 2012, S. 917 (924).

180 Dies schließt es selbstverständlich nicht aus, *wissenschaftlich* »die Grundlinien eines Zurechnungssystems für das Strafrecht einer modernen Gesellschaft zu zeichnen«, das »weder beim Gesetz noch bei der Rechtsprechung [...] ansetzt«, um durch »gesellschaftlich-systematisches Denken« einem »bloßen Ordnen bunter Steine nach ihrer Farbe« zu entgegnen, so *Jakobs* (N 71), S. 18 f. Ein entsprechendes System hat dann eine bestechende wissenschaftliche Geschlossenheit, kann aber zweierlei nicht leisten: Erstens lässt sich hiermit nicht der Inhalt des geltenden (positiven) Rechts angemessen deuten, sondern nur das Ideal einer Ordnung mit eigener Normativität, aber ohne Anspruch auf Geltung entwerfen. Zweitens verfehlt ein solches System wesentliche Funktionsbedingungen der Rechtserzeugung im demokratischen Rechtsstaat, die auf politischer Kompromisshaftigkeit und Interessenkonflikten beruht, aber nicht auf einer geschlossenen Idee der Freiheit oder einem konsistenten System. Zur Differenz zutreffend *Gärditz* (N 13), S. 352; *Tatjana Hörnle*, Grob anstößiges Verhalten, 2005, S. 42 f.; *Kubiciel* (N 27), S. 121, 134 f.; *Dietmar von der Pfordten*, Was ist Recht? Ziele und Mittel, JZ 2008, S. 641

(643); *Michael Pawlik*, Strafrechtswissenschaftstheorie, in: FS Günther Jakobs, 2007, S. 469 (478); *Claus Roxin*, Kriminalpolitik und Strafrechtssystem, 1973, S. 1 ff.; *Stuckenberg* (N 168), S. 659. Für eine Integration als Methode der Rechtserzeugung innerhalb des positiven Rechts demgegenüber *Ralf Dreier*, Konstitutionalismus und Legalismus, in: FS Werner Maihofer, 1988, S. 98 ff.

181 *Zabel* (N 14), S. 25 f.; ähnlich *Braum* (N 7), S. 433 ff.; zu den konzeptionellen Hintergründen (Zweckgedanke, Bekämpfungslogik) *Thomas Vormbaum*, Juristische Zeitgeschichte, 2011, S. 119.

182 Hierzu *Hofmann* (N 47), S. 32 ff.

183 In diesem Sinne *Hasso Hofmann*, Rechtsphilosophie nach 1945, 2012, S. 21 ff.

184 Etwa *Peter-Alexis Albrecht*, Das Strafrecht im Zugriff populistischer Kritik, in: Institut für Kriminalwissenschaften Frankfurt a.M. (Hrsg.), Vom unmöglichen Zustand des Strafrechts, 1995, S. 429 ff.; *Amelung* (N 168), S. 164; *Klaus Günther*, Responsibility to Protect and Preventive Justice, in: Ashworth et al. (N 151), S. 69 (89); *Matthias Jahn/Sascha Ziemann*, Die Frankfurter Schule des Strafrechts: Versuch einer Zwischenbilanz, JZ 2014, S. 943 (943); *Zaczyk* (N 4), S. 697, 700–703, 707–708. Siehe auch *John Pratt*, Penal Populism, 2006, S. 8 ff.: Strafrechtspolitik sei in westlich-liberalen Staaten oftmals eher an diffusen Emotionen der Bevölkerung orientiert als an den Bedürfnissen einer rationalen Bürokratie der Strafrechtspflege. Siehe zur Expansion der Freiheitsstrafe anhand des Referenzlandes USA (»punitive turn«) *Marie Gottschalk*, Caught: The Prison State and the Lockdown of American Politics, 2014; *Amy E. Lerman*, The Modern Prison Paradox, 2013, S. 24 ff.

185 Engagierte Streitschrift *Hoffmann-Riem* (N 60), passim. Dass der Eigenwert demokratischer Politik im Strafrecht unterbelichtet ist, zeigt exemplarisch eine jüngere Schrift zur Strafrechtspolitik, die nicht die Politik ins Strafrecht bringen, sondern die Strafrechtspolitik nach Kriterien wissenschaftlicher Dogmatik anleiten möchte. So *Fernando Guanarteme Sanchez Lazaro*, Kriminalpolitik und Gesetzgebungstechnik, 2011. Ein problemsensibler ausländischer Ansatz mit zu Recht kritischem Blick auf Deutschland bei *Massimo Donini*, Strafrechtstheorie und Strafrechtsreform, 2006, S. 3 ff.

186 Für eine demokratiesensible und sachgerechte Einschätzung siehe *Boris Burghardt*, Was ist das Problem mit der Prävention im Strafrecht?, in: Beatrice Brunhöber (Hrsg.), Strafrecht im Präventionsstaat, 2014, S. 83 (92).

187 *Josef Isensee*, Das Grundrecht auf Sicherheit, 1983, S. 20.

188 BVerfGE 120, 224 (241).

189 Etwa §§ 89a, 89b, 129a, 129b StGB.

190 Etwa die §§ 324 ff. StGB sowie das verwaltungsakzessorische Nebenstrafrecht, z. B. §§ 84 ff. AsylVfG, §§ 95 ff. AufenthG, §§ 95, 96 AMG.

191 §§ 84 ff. StGB. Auffällig ist hier die heute diffuse Bedeutung von Staat; konkret geht es eher um das demokratische Verfahren und die Verfassungsordnung. Vgl. auch BVerfGE 92, 277 (317). Dies gilt mittelbar auch für die §§ 94 ff. StGB, wie § 93 Abs. 2 StGB zeigt. Zur Ambivalenz der Schutzgüter des Bestandes und der Verfassung des Staates *Friedrich-Christian Schroeder*, Der Schutz von Staat und Verfassung im Strafrecht, 1979, S. 339 ff. Zur Schwierigkeit, ein Schutzobjekt »Staat« zu definieren, siehe *Matthias Jahn*, Das Strafrecht des Staatsnotstandes,

2004, S. 43–54. Letztlich ist dies Folge der Unbestimmtheit des Gegenstandes.

192 Ganzheitliche Betrachtung daher bei *Möstl* (N 92), S. 148 ff.; Bestandsaufnahme bei *Benno Zabel*, Rechtssicherheit und Prävention, in: Jan C. Schur (Hrsg.), Rechtssicherheit durch Rechtswissenschaft, 2014, S. 219 (220 ff.); nüchtern-kritisch *Hassemer* (N 138), S. 139 ff.

193 Akzentuiert *Zaczyk* (N 4), S. 695 ff. (insbesondere 697, 701, 707); ferner etwa *Amelung* (N 168), S. 164; *Martins* (N 113), S. 241 ff. Eine moderatere Variante ist die Forderung qualifizierter Mehrheiten für die Strafgesetzgebung, so *Amelung*, ebd., S. 164 mit N 42. Dies führt nicht nur zu Konsenszwängen, sondern indirekt auch zu einer Konstitutionalisierung des bestehenden Kernstrafrechts – eine überzogene Bewertung.

194 Sprich: eine fehlende Akzeptanz, die Unvollkommenheiten demokratischer Kompromisse hinzunehmen, und ein Beharren auf reinen Lehren. Vgl. analytisch treffend *Stuckenberg* (N 168), S. 659.

195 Pars pro toto einerseits *Michael Droege*, Steuergerechtigkeit – eine Demokratiefrage?, RW 2013, S. 374 ff.; andererseits *Paul Kirchhof*, Ethos der Steuergerechtigkeit, JZ 2015, S. 105 ff.

196 Wirkmächtig *Jürgen Habermas*, Faktizität und Geltung, 1992; *ders.*, Die Einbeziehung des Anderen, 1996, S. 277 ff.; rezipiert für das Recht namentlich *Robert Alexy*, Theorie der juristischen Argumentation, 2. Aufl. (1991), S. 417 ff.; für das Strafrecht jüngst wieder *Martins* (N 113), S. 241 f. Richtig hingegen *Christoph Gusy*, Das Grundgesetz als normative Gesetzgebungslehre?, ZRP 1985, S. 291 (298): Entscheidungs-, nicht Erkenntnisverfahren.

197 Vgl. *Möllers* (N 154), S. 30 f.; ferner kritisch zur wissenschaftlichen Autoimmunisierung gegen die Dynamik politischer Systembrüche *dens.*, Verwaltungsrecht und Politik, in: Armin von Bogdandy/Sabino Cassese/Peter M. Huber (Hrsg.), Handbuch Ius Publicum Europaeum, Bd. V, 2014, § 93 Rn. 15.

198 *Jestaedt* (N 93), S. 338; ähnlich auch *Di Fabio* (N 57), S. 151 f.

199 Etwa *Hillgruber* (N 127), S. 4 f.; *Josef Isensee*, Solidarität wofür?, FAZ v. 22. 1. 2015, S. 6; *Paul Kirchhof*, Die Steuerungsfunktion von Verfassungsrecht in Umbruchsituationen, in: Gunnar Folke Schuppert/Katharina Harms (Hrsg.), Verfassungsrecht und Verfassungspolitik in Umbruchsituationen, 1999, S. 31 (38). Siehe eingehend auch *Di Fabio* (N 57), S. 149 ff. Strafrechtsspezifisch anschaulich *Wolff* (N 91), S. 818 f. (»Basisvertrauen«).

200 Zur Abhängigkeit des Rechts von sozialer Praxis *Geoffrey Samuel*, Is Law Really a Social Science?, 67 Cambridge Law Journal 288, 296 ff. (2008).

201 *Hoffmann-Riem* (N 60), S. 54.

202 Vgl. die treffende Polemik bei *Thomas Fischer*, Noch einmal: Dogmatik und Praxis des Strafrechts, in: FS Bernd Schünemann, 2014, S. 41 (42): »Weltverständnis durch Strafrecht«.

203 BVerfGE 120, 224 (240). Zurückgehend auf folgende, vage bleibende Entscheidungskette BVerfGE 39, 1 (47); 88, 203 (258); 90, 145 (201); 96, 245 (249).

204 Altertümliche Kodizes waren noch meist ganz überwiegend Sammlungen von Strafnormen. Vgl. *Henry Summer Maine*, Ancient Law, its Connection with the Early History of Society and its Relation to Modern Ideas, 4. Aufl. (1870), S. 367 f.

205 Hierzu *Gert Brüggemeier*, Haftungsrecht, 2006, S. 583 ff.; *Gerhard Wagner*, Neue Perspektiven im Schadensersatzrecht, 2006, S. 68 ff.

206 *Moritz Brinkmann*, Normdurchsetzung durch Privatrecht, RW 2014, S. 415 (418). Eingehend *Dörte Pölzig*, Normdurchsetzung durch Privatrecht, 2012. Allgemein zu alternativen Rechtsdurchsetzungsformen im Kontrast zum Verwaltungszwang *Christian Waldhoff*, Vollstreckung und Sanktionen, in: Wolfgang Hoffmann-Riem/Eberhard Schmidt-Aßmann/Andreas Voßkuhle (Hrsg.), Grundlagen des Verwaltungsrechts, Bd. 3, 2. Aufl. (2013), § 46 Rn. 13 ff.

207 *Thomas Ackermann*, Prävention als Paradigma, ZWeR 2010, S. 325 (332). Etwa im Unionskartellrecht dominiert das Paradigma der Abschreckung. Siehe *Wulf-Henning Roth*, Effet utile im europäischen Kartellrecht, WRP 2013, 257 (260). Eingehende Analyse *Andrew Ashworth/Lucia Zedner*, Preventive Justice, 2014, die mit Recht auf die fortbestehende Bedeutungsunsicherheit von Präventivmaßnahmen in Formen des Strafrechts hinweisen. An den im Kern polizeilichen Charakter der Prävention knüpft auch die strafrechtliche Kritik an, namentlich *Heiko Lesch*, Der Verbrechensbegriff, 1999, S. 183; *Hans Welzel*, Das deutsche Strafrecht, 11. Aufl. (1969), S. 3.

208 *Martin Hafen*, Grundlagen der systemischen Prävention, 2. Aufl. (2013), S. 239 ff.

209 Vgl. *Vanessa Barker*, The Politics of Imprisonment, 2009, S. 169; *Pratt* (N 184), S. 151.

210 Vgl. Art. 28 Abs. 1 Satz 1 GG.

211 Vgl. paradigmatisch §§ 153 ff. StPO; § 31 BtMG.

212 BVerfGE 123, 267 (410).

213 Begriff nach *Jakobs* (N 46), Kap. 12 Rn. 46. In diesem Sinne BVerfGE 90, 145 (201 f.).

214 Vgl. BVerfGE 120, 224 (252).

215 Vgl. *Urs Kindhäuser*, Rechtstreue als Schuldkategorie, ZStW 107 (1995), S. 701 (722 ff.).

216 Vgl. *Mark Deiters*, Legalitätsprinzip und Normgeltung, 2006, S. 66 ff.; in Verkoppelung mit dem Nationalstaat *Braum* (N 7), S. 434 f.

217 Vgl. zur besonderen Bedeutung der Allgemeinheit im Strafrecht *Gregor Kirchhof*, Die Allgemeinheit des Gesetzes, 2009, S. 317, 323.

218 *Uwe Volkmann*, Grund und Grenzen der Toleranz, Der Staat 39 (2000), S. 325 (352).

219 Vgl. auch *Lacey* (N 21), S. 134.

220 *Günther* (N 184), S. 89. Vgl. auch *Zaczyk* (N 4), S. 702: »nicht die Garantie einer beliebigen Obrigkeit, sondern eine Garantie, an der Opfer wie Täter teilhaben«.

221 Zur Verkopplung von Schuldprinzip und Demokratie treffend *Möllers* (N 154), S. 19.

222 Bereits *Locke* (N 9), II § 87; ferner *Duff* (N 145), S. 75.

223 *Möllers* (N 154), S. 16 ff.

224 *Paul Kirchhof*, Der materielle Gehalt der Kompetenznormen, in: Festschrift für Hans-Werner Rengeling, 2008, S. 567 (570, 577); *Jörg Menzel*, Landesverfassungsrecht, 2002, S. 197.

225 BVerfGE 90, 145 (190 f.); kritisch *Klaus Ferdinand Gärditz*, Grundrechte im Rahmen der Kompetenzordnung, in: Josef Isensee/Paul Kirchhof (Hrsg.), Handbuch des Staatsrechts, Band IX, 2011, § 189 Rn. 30.

226 BVerfGE 98, 265 (301 f.); kritisch Sondervotum *Papier/Graßhof/Haas*, BVerfGE 98, 265/329 (346 ff.); *Klaus Ferdinand Gärditz*, Strafprozeß und Prävention, 2003, S. 336 ff.;

Christian Hillgruber, Die Rechtsstellung des Arztes beim Schwangerschaftsabbruch, ZfL 2000, S. 46 (51); *Wolfgang Rüfner*, Ungeschriebene Bundeskompetenzen im Widerstreit, ZG 1999, S. 366 (370); *Christian Starck*, Neues zur Gesetzgebungskompetenz kraft Sachzusammenhangs, in: FS Hartmut Maurer, 2001, S. 281 (294 ff.); *Arnd Uhle*, in: Maunz/Dürig (Begr.), GG, Stand: 2014, Art. 72 Rn. 81.

227 *Christoph Möllers*, Pluralität der Kulturen als Herausforderung an das Verfassungsrecht?, in: Horst Dreier/Eric Hilgendorf (Hrsg.), Kulturelle Identität als Grund und Grenze des Rechts, 2008, S. 223 (236).

228 Siehe zur weitgehenden föderalen Segmentierung im Überblick *Joel Samaha*, Criminal Law, 11. Aufl. (2013), S. 16 ff.

229 Vgl. Art. 4 Nr. 13 Verfassung Norddeutscher Bund; Art. 4 Nr. 13 RV 1871; *Peter Landau*, Die Reichsjustizgesetze von 1879 und die deutsche Rechtseinheit, in: Bundesministerium der Justiz (Hrsg.), Vom Reichsjustizamt zum Bundesministerium der Justiz, 1977, S. 161 ff.; *Oeter* (N 57), S. 36.

230 *Lacey* (N 21), S. 177.

231 BVerfGE 39, 1 (59). Hierzu *Johannes Driendl*, Zur Notwendigkeit und Möglichkeit einer Strafgesetzgebungswissenschaft in der Gegenwart, 1983, S. 35 ff.

232 Kritisch etwa *Winfried Hassemer*, Symbolisches Strafrecht und Rechtsgüterschutz, NStZ 1989, S. 553 ff.; *Prittwitz* (N 138), S. 255 ff.; *Kurt Seelmann*, Risikostrafrecht, KritV 1992, S. 452 ff.

233 *Kai Thorsten Barisch*, Die Bekämpfung des internationalen Terrorismus durch § 129b StGB, 2009, S. 87; *Klaus Ferdinand Gärditz*, Pfui ist kein Argument, FAZ v. 2. 10. 2014, S. 11. Durchaus in diesem Sinne BVerfGE 39, 1 (57,

59). Differenziert *Jan Henrik Klement,* Verantwortung, 2006, S. 568 ff.

234 Vgl. *Eberhard Kempf/Klaus Lüderssen/Klaus Volk* (Hrsg.), Die Finanzkrise, das Wirtschaftsstrafrecht und die Moral, 2010.

235 Folge: § 11a StPO.

236 Folge: §§ 89a, 89b, 129b StGB.

237 *Hans Hugo Klein*, Die Grundrechte im demokratischen Staat, 1974, S. 10. Zum dahinter stehenden (egalitären) Freiheitsverständnis *Wolfgang Kahl*, Die Schutzergänzungsfunktion von Art. 2 Abs. 1 Grundgesetz, 2000, S. 34 ff.

238 *Klaus Ferdinand Gärditz*, Der Bürgerstatus im Licht von Migration und europäischer Integration, VVDStRL 72 (2013), S. 49 (59); in diesem Sinne auch *Michael Droege*, Identität und Integration in Europa, in: Jürgen Bast u. a. (Hrsg.) Die Europäische Verfassung – Verfassungen in Europa, 2005, S. 104 (121); *Jörg Gundel*, Der grundrechtliche Status der Ausländer, in: Josef Isensee/Paul Kirchhof (Hrsg.), HStR IX, 3. Aufl. (2011), § 198 Rn. 88; *Josef Isensee*, Integration mit Migrationshintergrund, JZ 2010, S. 317 (318); *Stefan Korioth*, Europäische und nationale Identität: Integration durch Verfassungsrecht?, VVDStRL 62 (2003), S. 117 (133); *Jörg Philipp Terhechte*, Konstitutionalisierung und Normativität der europäischen Grundrechte, 2011, S. 19; differenzierend *Wolfgang Kahl*, Nachhaltigkeit, Migration und Integration, in: ders. (Hrsg.), Nachhaltigkeit als Verbundbegriff, 2008, S. 242 (252 ff.).

239 *Nicola Lacey*, Community, Culture, and Criminalization, in: Will Kymlicka/Claes Lernestedt/Matt Matravers (Hrsg.), Criminal Law and Cultural Diversity, 2014, S. 47 (64); *Claes Lernestedt*, Criminal Law and »Culture«,

in: Kymlicka et al., ebd., S. 15 (37 f.); allgemein *Christoph Möllers*, Grenzen der Ausdifferenzierung – Zur Verfassungstheorie der Religion in der Demokratie, in: Hans-Michael Heinig/Christian Walter (Hrsg.), Religionsverfassungsrechtliche Spannungsfelder, 2015, S. 9 (21).

240 *Michael Pawlik*, Der rechtfertigende Notstand, 2002, S. 11. Für einen positiven (linkshegelianisch inspirierten) verfassungstheoretischen Zugang *Volkmann* (N 139), passim.

241 *Steffen Mau*, Transnationale Vergesellschaftung, 2007, S. 218.

242 *Eric Hilgendorf*, Die deutsche Strafrechtswissenschaft vor den Herausforderungen kultureller Pluralisierung, oder: Was ist »Religion«?, JZ 2014, S. 821 ff.; *Tatjana Hörnle*, Kultur, Religion, Strafrecht – neue Herausforderungen in einer pluralistischen Gesellschaft, 2014; *Brian Valerius*, Kultur und Strafrecht, 2011.

243 Allgemein *Christoph Möllers*, Religiöse Freiheit als Gefahr?, VVDStRL 68 (2009), S. 47 (56 f.).

244 *Friedman* (N 161), S. 15.

245 *Möllers* (N 154), S. 51 f.; vgl. auch *Gabriele Britz*, Vom kulturellen Vorbehalt zum Kulturvorbehalt in der bundesverfassungsgerichtlichen Demokratietheorie des Lissabon-Urteils?, in: Armin Hatje/Jörg Philipp Terhechte (Hrsg.) Grundgesetz und europäische Integration, 2010, S. 151 (164, 166).

246 Mit Recht *Heike Jung*, Pluralismus und Strafrecht – ein unauflösbarer Widerspruch?, JZ 2012, S. 926 (926).

247 Mit gewisser Larmoyanz gegen eine angebliche Inhaltsleere des liberalen Freiheitsversprechens *Uwe Volkmann*, Wovon lebt der Staat?, FAZ v. 14. 3. 2005, S. 8.

248 Vgl. *John Schaar*, Legitimacy in the Modern State, 1981, S. 2, 280 f., der eine Legitimationskrise moderner Staaten auf Grund eines Verlusts moralischer Autorität durch technokratische Bürokratisierung diagnostiziert: Strafe werde dann zum Ventil für einen Staat, der über schlichte Macht, aber über keine gesellschaftliche Autorität mehr verfügt. Vgl. auch *Joachim Renzikowski*, Toleranz und die Grenzen des Strafrechts, in: FS Dieter Meurer, 2002, S. 179 (185 f.).

249 *Lacey* (N 239), S. 64 f.

250 *Jung* (N 246), S. 926.

251 BGH, NJW 1995, 602; StV 1996, 208 (209); StV 2003, 21; NJW 2004, 1466 (1467); NJW 2006, 1008 (1011). Zur Entwicklung etwa *Esma Çakir-Ceylan*, Gewalt im Namen der Ehre, 2010, S. 227 ff.; *Louis Greco*, Ehrenmorde im deutschen Strafrecht, ZIS 2014, S. 309 (311 ff.); *Brian Valerius*, Der sogenannte Ehrenmord, JZ 2008, S. 912 ff.

252 BVerfGK 1, 141 (143). Grundsätzlich bereits BVerfGE 19, 135; 22, 178; 23, 127; 24, 363; 34, 261; 78, 391: Gewissensfreiheit von Zeugen Jehovas schützt nicht vor Bestrafung, wenn auch Ersatzdienst verweigert wird.

253 Zutreffend *Valerius* (N 251), S. 915.

254 Richtigerweise für Zurückhaltung *Tatjana Hörnle*, Zur Relevanz von Beweggründen für die Bewertung von Tötungsdelikten – am Beispiel sog. »Ehrenmorde«, in: FS Wolfgang Frisch, 2013, S. 653 (668 ff.).

255 Zum dahinter stehenden Spannungsverhältnis *Jung* (N 246), S. 927.

256 Deutlich *Alison Dundes Renteln*, The Cultural Defence, 2004, S. 197 ff.

257 Mit Recht *Jung* (N 246), S. 932; ferner *Lernestedt* (N 239), S. 37, mit egalitärem Anspruch: »The new Romans are

Romans too, and this must have consequences for ›our‹ criminal law« (18); ähnlich *Hörnle* (N 127), S. 296 f. Zu demokratischen Problemen von Gruppenrechten *Möllers* (N 154), S. 52.

258 Vgl. *Möllers* (N 227), S. 230 f.

259 Für den Differenzierungsbedarf als Folge demokratischer Formalität (politische Teilexklusion von Ausländern, Minderjährigen usf.) siehe *Gärditz* (N 238), S. 98 ff.

260 Betont bei *Klaus Günther*, Schuld und kommunikative Freiheit, 2005, S. 61, 62 f., 245 ff.

261 Vgl. auch *Josef Isensee* Die staatsrechtliche Stellung der Ausländer in der Bundesrepublik Deutschland, VVDStRL 32 (1974), S. 49 (99 f.).

262 BVerfGE 120, 224 (251).

263 *Tatjana Hörnle*, Das Verbot des Geschwisterinzests – Verfassungsgerichtliche Bestätigung und verfassungsrechtliche Kritik, NJW 2008, S. 2085 (2087); *Johannes Kaspar*, Schuldstrafrecht oder Präventionsstrafrecht?, in: Brunhöber (N 186), S. 61 (76); *Claus Roxin*, Zur Strafbarkeit des Geschwisterinzests, StV 2009, S. 544 (549).

264 Allgemein *Gabriele Britz*, Der Einfluß christlicher Tradition auf die Rechtsauslegung als verfassungsrechtliches Gleichheitsproblem?, JZ 2000, S. 1127 ff.

265 Darauf setzen *Appel* (N 2), S. 576, 591 ff.; *Johannes Kaspar*, Verhältnismäßigkeit und Grundrechtsschutz im Präventionsstrafrecht, 2014, S. 100 ff.

266 Zutreffend statt vieler etwa *Martin Burgi*, Privatisierung, in: Josef Isensee/Paul Kirchhof (Hrsg.), Handbuch des Staatsrechts, Bd. IV, 3. Aufl. (2006), § 75 Rn. 2; *ders*, Funktionale Privatisierung und Staatsaufgaben, 1999, S. 41 ff.; *Claudio Franzius*, Gewährleistung im Recht, 2008, S. 92 ff.; *Möllers* (N 4), S. 66. Gegenläufig (mit

latent anti-positivistischer Tendenz) *Wilfried Kluth*, Verfassungsrechtliche Direktiven der Bekämpfung des internationalen Terrorismus am Beispiel der Dschihadisten, ZRP 2015, S. 6 (8), wonach dem Verfassungsrecht »gegenüber den Staatszwecken und -aufgaben ebenfalls eine dienende Funktion« zukomme.

267 Vgl. *Christoph Link*, Staatszwecke im Verfassungsstaat – nach 40 Jahren Grundgesetz, VVDStRL 48 (1990), S. 7 (48).

268 Art. 20 Abs. 1 GG (Sozialstaatsklausel); Art. 20a GG (Umweltstaat).

269 BVerfGE 113, 29 (54); BVerfG-K, NJW 2014, 2777 (2278); OVG Berlin-Brandenburg, NJW 2011, 1093 (1094).

270 BVerfGE 107, 104 (118 f.); ähnlich BVerfGE 113, 29 (54).

271 Metaphysik der Sitten, 1797/1977 (hrsg. von Wilhelm Weischedel, Werkausgabe, Bd. VIII), S. 303 (455).

272 Vgl. *Jakobs* (N 111), S. 12; *Kristian Kühl*, Die Bedeutung der Rechtsphilosophie für das Strafrecht, 2001, S. 33.

273 Vertiefend *Johannes Dietlein*, Die Lehre von den grundrechtlichen Schutzpflichten, 2. Aufl. (2005); *Günter Krings*, Grund und Grenzen grundrechtlicher Schutzansprüche, 2003, S. 60 ff.

274 BVerfGE 88, 203 (257).

275 BVerfGE 88, 203 (252): »Die Schutzpflicht für das ungeborene Leben ist bezogen auf das einzelne Leben, nicht nur auf menschliches Leben allgemein«.

276 BVerfGE 88, 203 (258 f.).

277 Grundsätzliche Methodenkritik am BVerfG *Niels Petersen*, Braucht die Rechtswissenschaft eine empirische Wende?, Der Staat 49 (2010), S. 435 ff.; *ders.*, Avoiding the Common Wisdom Fallacy: The Role of Social Scien-

ces in Constitutional Adjudication, 11 International Journal of Constitutional Law 294 ff. (2013).

278 Zur Unsicherheit über die Wirkungsweise von Strafrecht und der Flucht in legislative Einschätzungsspielräume siehe nur *Appel* (N 2), S. 175 ff., 181, 183 f.; *Tatjana Hörnle/Andrew von Hirsch,* Positive Generalprävention und Tadel, GA 1995, S. 261 (262); *Lothar Kuhlen,* Zum Strafrecht der Risikogesellschaft, GA 1994, S. 347 (363 ff.). Kritisiert werden fehlende empirische Erkenntnisse bereits im Sondervotum *Rupp-v. Brünneck/Simon,* BVerfGE 39, 1, 68 (92).

279 Vom Gericht nur kursorisch gestreift: BVerfGE 88, 203 (260).

280 BVerfGE 39, 1 (59).

281 Dezidiert ablehnend Sondervotum *Böckenförde,* BVerfGE 88, 203, 359 (366): »Eine rechtlich normative Ordnung, die in der normativen Sphäre bei sich bleibt, sich nicht in tatsächlich wirksamen Schutz des ungeborenen Lebens umsetzt, trägt zum Schutz dieses Lebens nicht wirklich bei und erfüllt damit auch nicht die Aufgabe, die dem Recht obliegt«. Kritische Analyse: *Gloria Berghäuser,* Das Ungeborene im Widerspruch, 2015. Die Prozeduralität des Ansatzes betont *Niels Petersen,* Verhältnismäßigkeit als Rationalitätskontrolle, 2015, S. 201 f.

282 Zusammenfassend *Reinhold Zippelius,* Geschichte der Staatsideen, 2003, S. 97 ff.

283 *Josef Isensee,* Das Grundrecht als Abwehrrecht und als staatliche Schutzpflicht, in: ders./Paul Kirchhof (Hrsg.), HStR IX, 3. Aufl. (2011), § 191 Rn. 185 ff.; *ders.,* Das Grundrecht auf Sicherheit, 1983, S. 34 ff.; ferner *Krings* (N 273), S. 28 ff.

284 *Matthias Ruffert*, Grundrechtliche Schutzpflichten: Einfallstor für ein etatistisches Grundrechtsverständnis?, in: Thomas Vesting/Stefan Korioth/Ino Augsberg (Hrsg.), Grundrechte als Phänomene kollektiver Ordnung, 2014, S. 109 (110 f.).

285 Vgl. nur *Isensee* (N 283), § 191 Rn. 267.

286 BVerfGE 120, 224 (241 f.).

287 Zuletzt *Uwe Volkmann*, Grundzüge einer Verfassungslehre der Bundesrepublik Deutschland, 2013; pointierte Kritik bei *Oliver Lepsius*, Buchbesprechung, JZ 2014, S. 192 (193): Kompetenzfreie Moralität einer konfliktfreien Gesellschaft.

288 BVerfGK 17, 1 (5 f.); BVerfG-K, EuGRZ 2017, 719 (720).

289 Von einem Sonderfall gehen auch aus: *Bodo Pieroth/Bernhard Schlink/Thorsten Kingreen/Ralf Poscher*, Grundrechte, 29. Aufl. (2013), Rn. 115. Die Ausführungen im Lissabon-Urteil (BVerfGE 123, 267 [358, 406 ff.]) lassen sich richtigerweise nicht als Positivierung einer Staatsaufgabenlehre deuten. Im konkreten Kontext ging es allein um die Frage der Legitimation der Strafrechtsetzung, also einen qualifizierten grundrechtlichen Gesetzesvorbehalt.

290 Zutreffend *Ruffert* (N 284), S. 117.

291 Auch dies ist kein wirklich neues Problem, vgl. nur *Detlef Liebs*, Öffentliches und Privatstrafrecht in der römischen Kaiserzeit, in: Jürgen Weitzel (Hrsg.), Hoheitliches Strafen in der Spätantike und im frühen Mittelalter, 2003, S. 11 ff.

292 Vgl. *Jung* (N 246), S. 931; *Arthur Kreuzer*, Das Verbrechen und wir, 2014, S. 105 f.

293 BVerfGE 51, 176 (187); BVerfGK 17, 1 (5); BVerfG-K, NJW 2002, 2861 f.; EuGRZ 2014, 719 (720); zurückhaltend auch *Kaspar* (N 265), S. 84 ff.; anders aber *Weigend*

(N 86), S. 45 ff.; *Wilfried Holz*, Justizgewähranspruch des Verbrechensopfers, 2007.

294 Sehr fragwürdig aber nun BVerfG-K, NJW 2015, 150; Beschl. v. 19.5.2015, 2 BvR 987/11, Rn. 19 ff.

295 Kritisch *Eckart Klein*, Staatliches Gewaltmonopol, in: Depenheuer/Grabenwarter (N 6), § 19 Rn. 32 f. BVerfGE 130, 76 (111); ferner BVerfGK 13, 137 (140 ff.). Eingehend *Susann Barisch*, Die Privatisierung im deutschen Strafvollzug, 2010; *Christoph Gusy*, Rechtliche Grenzen des Einsatzes privater Sicherheitsdienste im Strafvollzug, StV 2001, S. 46 ff.

296 BVerfGE 130, 76 (118).

297 Hierfür aber *Tatjana Hörnle*, Die Rolle des Opfers in der Straftheorie und im materiellen Strafrecht, JZ 2006, S. 950 (953 ff.).

298 So *Thomas Fischer*, Direkte Sterbehilfe – Anmerkung zur Privatisierung des Lebensschutzes, in: FS Claus Roxin, 2011, S. 557 ff.

299 BVerfGE 88, 203 (209–213).

300 *Eckart Klein*, Staat und Zeit, 2006, S. 48 f.; grundsätzlich bereits *Peter Häberle*, Zeit und Verfassung, ZfP 21 (1974), S. 111 ff.

301 Vgl. *Vormbaum* (N 181), S. 118 f.

302 Vgl. *Brun-Otto Bryde*, Die Rolle der Verfassungsgerichtsbarkeit in Umbruchsituationen, in: Schuppert/Harms (N 199), S. 187 (199 f.). Zur systemübergreifenden Stabilität auch *Bernd Rüthers*, Die heimliche Revolution vom Rechtsstaat zum Richterstaat, 2014, S. 8 f. Fragen nach dem staatlichen Substrat einer vorgreiflichen Ordnung mögen hieran anschließen, vgl. *Depenheuer* (N 116), § 16 Rn. 15 ff.

303 *Jamal Greene*, The Supreme Court as a Constitutional Court, 128 HARV. L. REV. 124 (2014).

304 *Christoph Schönberger*, Anmerkungen zu Karlsruhe, in: Matthias Jestaedt/Oliver Lepsius/Christoph Möllers/ders. (Hrsg.), Das entgrenzte Gericht, 2011, S. 9 (43). Anderweitig konstatierter Einfluss der institutionellen Demokratisierung auf die strafrechtliche Systembildung – *Nicola Lacey*, Comparative Criminal Justice, 24 DUKE J. COMP. & INT.'L L., 501, 518 ff. (2014) – blieb daher in Deutschland ausgesprochen gering.

305 Vgl. *Christoph Möllers*, Vom Altern einer Verfassung, APuZ 18–19/2009, S. 5 (6).

306 *Anna Katharina Mangold/Rainer Wahl*, Das europäisierte deutsche Rechtsschutzkonzept, Die Verwaltung 48 (2015), S. 1 (2 f.); *Christoph Schönberger*, Verwaltungsrecht als konkretisiertes Verfassungsrecht, in: Stolleis (N 12), S. 53 (58–75); *Rainer Wahl*, Herausforderung und Antworten, 2006, S. 18 ff., 35 ff.

307 Symptomatisch ist etwa die partielle Aufrechterhaltung der Strafbarkeit von Formen der Homosexualität bis 1994. Vgl. zur Fortgeltung des verschärften NS-Strafrechts von 1935 (mit zynischer Gleichgültigkeit) BGHSt 1, 80 (81 f.).

308 Eingehend *Arthur Kaufmann*, Über Gerechtigkeit, 1993, S. 221 ff. Zur hintergründigen Instrumentalisierung treffend *Bernd Rüthers*, Recht oder Gesetz?, JZ 2013, S. 822 (824 ff.); zum Entwicklungspfad *Frieder Günther*, Denken vom Staat her, 2004, S. 192 ff.

309 Bezeichnenderweise wurde eine natürliche Ordnung vor allem angeführt, um fragwürdige Sittlichkeitsdelikte unter dem Grundgesetz mit vorgrundgesetzlichen Sittenlehren zu rechtfertigen. Symptomatisch BGHSt 6,

46 (53); 6, 167 (169); vgl. auch *Kuhlen* (N 12), S. 48 f. Dies ist auch deshalb bemerkenswert, weil das als klassisch apostrophierte Strafrecht der Aufklärung gerade aus dem »Tod des Naturrechts« entstanden ist, treffend *Winfried Hassemer*, Kennzeichen und Krisen des modernen Strafrechts, ZRP 1992, S. 378 (379).

310 *Hofmann* (N 183), S. 21 ff.

311 Vgl. bereits BVerfGE 10, 59 (81). Nachgezeichnet bei *Jörg Requate*, Der Kampf um die Demokratisierung der Justiz, 2008, S. 43 ff. In diesem Kontext ist auch das Lüth-Urteil (BVerfGE 7, 198 ff.) zu verstehen, das vor allem eine Reaktion auf reaktionäre, moralisierende Tendenzen in der Zivilgerichtsbarkeit darstellt. Siehe *Oliver Lepsius*, Die maßstabssetzende Gewalt, in: Jestaedt et al. (N 304), S. 159 (192); allgemein und mit Sittenportrait *Ulrich Herbert*, Integration der jungen Republik durch Verfassungsrecht?, in: Stolleis (N 12), S. 85 (94 ff.). Zu den rechtstheoretischen Entwicklungen *Horst Dreier*, Die (Wieder-)Entdeckung Kelsens in den 1980er Jahren, in: Matthias Jestaedt (Hrsg.), Hans Kelsen und die deutsche Staatsrechtslehre, 2013, S. 175 (186 ff.).

312 BVerfGE 6, 389 (428 ff.); 36, 41 (45 f.). Diese Entscheidungen zählen fraglos zu den dunkelsten Hinterlassenschaften der frühen Verfassungsrechtsprechung.

313 *Gärditz* (N 13), S. 332 ff.

314 Vgl. zum Dilemma auch *Josef Isensee*, Der deutsche Rechtsstaat vor seinem unrechtsstaatlichen Erbe, in: ders. (Hrsg.), Vergangenheitsbewältigung durch Recht, 1992, S. 91 (91, 103 ff.).

315 Vgl. *Helmuth Schulze-Fielitz*, Die deutsche Wiedervereinigung und das Grundgesetz, in: Schuppert/Harms (N 199), S. 65 (100 f.).

316 *Jakobs* (N 140), S. 118.

317 Vgl. *Gerhart Husserl*, Recht und Zeit, 1955, S. 57 ff.; ferner *Wilfried Berg*, Die Zeit im öffentlichen Recht – Das öffentliche Recht in der Zeit, JöR 56 (2008), S. 23 (27); *Paul Kirchhof*, Die Identität der Verfassung, in: Josef Isensee/ders. (Hrsg.), HStR II, 3. Aufl. (2004), § 21 Rn. 76; *Klein* (N 300), S. 50; *Oliver Lepsius*, Nachhaltigkeit und Parlament, in: Wolfgang Kahl (Hrsg.), Nachhaltigkeit als Verbundbegriff, 2008, S. 326 (328 f.).

318 *Gärditz* (N 57), S. 439.

319 In diesem Sinne auch *Günther Jakobs*, Vergangenheitsbewältigung durch Strafrecht?, in: Isensee (N 314), S. 37 (63). Konzepte, einen Staat oder bestimmte Organisationen zu kriminalisieren, gab es zwar, waren aber auf Grund der Kollektivierungsresistenz des Strafrechts a priori zum Scheitern verurteilt. Siehe *Gerhard Rauschenbach*, Der Nürnberger Prozeß gegen die Organisationen, 1954.

320 BVerfGE 95, 96 (130 ff.).

321 Berechtigte Kritik *Günther* Jakobs, Untaten des Staates – Unrecht im Staat, GA 1994, S. 1 ff.; *Michael Pawlik*, Strafrecht und Staatsunrecht, GA 1994, S. 472 ff.

322 Vgl. *Giuliano Vassali*, Radbruchsche Formel und Strafrecht, 2010, S. 286 ff.

323 Prägend die Tribunale von Nürnberg und Tokyo. Hierzu stellvertretend *Wilhelm G. Grewe*, Rückblick auf Nürnberg, in: FS Karl Doehring, 1989, S. 229 ff.; *Susanne Jung*, Die Rechtsprobleme der Nürnberger Prozesse, 1992; *Telford Taylor*, Die Nürnberger Prozesse, 1951. Vgl. ferner etwa die institutionelle Militarisierung in der Reconstruction-Ära nach dem Amerikanischen Bürgerkrieg durch den First Reconstruction Act 1867 (Einsatz

von Militärkommissionen zur Aburteilung von Straftaten nach Sec. 3 unter Besatzungsrecht); *Allan Nevis*, The Case of the Copperhead Conspirator, in: John A. Garraty (Hrsg.), Quarrels That Have Shaped the Constitution, 1987, S. 101 (118).

324 Eingehend *Gunnar Folke Schuppert*, Verflochtene Staatlichkeit, 2014, S. 354 ff. und passim.

325 Angedeutet bei *Jung* (N 246), S. 932.

326 Etwa *M. Cherif Bassiouni*, Introduction to International Criminal Law, 2003, S. 693 ff.; *Braum* (N 7), S. 97 ff., 105 ff., 141; *Katrin Gierhake*, Begründung des Völkerstrafrechts auf der Grundlage der Kantischen Rechtslehre, 2005; *Christina Möller*, Völkerstrafrecht und Internationaler Strafgerichtshof, 2003, S. 420 ff.

327 Vgl. *Gerd Roellecke*, Vorüberlegungen zu einer Theorie der Rechtsphilosophie, in: Horst Dreier (Hrsg.), Philosophie des Rechts und Verfassungstheorie, 2000, S. 25 (40).

328 Vgl. die Kritik bei *Gärditz* (N 11), S. 359 f.; *Hoerster* (N 39), S. 48.

329 In der Strafrechtswissenschaft wurde frühzeitig Kritik geäußert, die aber letztlich isoliert geblieben ist. Siehe *Günther Jakobs*, Das Selbstverständnis der Strafrechtswissenschaft vor den Herausforderungen der Gegenwart, in: Albin Eser/Winfried Hassemer/Björn Burkhardt (Hrsg.), Die deutsche Strafrechtswissenschaft vor der Jahrtausendwende, 2000, S. 47 (54 ff.); *Michael Pawlik*, Strafe oder Gefahrenbekämpfung?, ZIS 2006, S. 274 ff.

330 Vgl. auch *Jakobs* (N 138), S. 94 f.; *ders.* (N 111), S. 47.

331 Hierunter leiden letztlich auch die Argumente von Jakobs gegen das Völkerstrafrecht, wenn sie vom

geltenden Recht gelöst und auf einen metaphysischen Begründungszusammenhang gehoben werden: Die gut begründete Verknüpfung des Strafrechts mit einer funktionierenden Ordnung kann nicht erklären, warum diese dauerhaft zwingend nur vom Staat gewährleistet werden kann. Staatstheoretisch wären andere Modelle jedenfalls konstruierbar. Zutreffend *Braum* (N 7), S. 70, 73. So nimmt es nicht wunder, dass die scharfsichtige Kritik durch *Jakobs* letztlich in eine hegelianische Metaphysik des Bürgerkriegs abdriftet. Siehe *Jakobs* (N 140), S. 127 ff.

332 *Hans Kelsen*, Das Problem der Souveränität und die Theorie des Völkerrechts, 2. Aufl. (1928), S. 72.

333 *Gärditz* (N 57), S. 350 ff., m. w. Nachw.

334 *Gärditz* (N 26), § 245 Rn. 19 ff., m. w. Nachw.

335 Vgl. *Perez Zagorin*, Hobbes and the Law of Nature, 2009, S. 72; ferner *Sharon A. Lloyd*, Ideals as Interests in Hobbes's Leviathan, 1992, S. 70 f.

336 *Hobbes* (N 9), XXI.

337 Für das Strafrecht bejaht *Jakobs* (N 329), S. 55; ferner *ders.* (N 111), S. 47. Verfassungstheoretisch überhöhend *Carl Schmitt*, Der Begriff des Politischen, 3. Aufl. (1963), S. 53: Schutzherrenstellung »kraft des ewigen Zusammenhangs von Schutz und Gehorsam«.

338 Vgl. *Jung* (N 246), S. 931.

339 *Dieter Grimm*, The Achievement of Constitutionalism and its Prospects in a Changed World, in: Petra Dobner/Martin Loughlin (Hrsg.), The Twilight of Constitutionalism?, 2010, S. 3 (22).

340 *Ulrich K. Preuß*, Der Staat – weiterhin der zentrale Ort des Politischen, in: Voßkuhle/Bumke/Meinel (N 18), S. 317 (331 f.).

341 *Gärditz* (N 238), S. 51 ff.

342 *Ulrich K. Preuß*, Disconnecting Constitutions from Statehood, in: Dobner/Loughlin (N 339), S. 23 (35 ff.); eingehend *Gärditz* (N 238), S. 89 ff.

343 *Alejandro Chetman*, The Philosophy of Extraterritorial Punishment, 2010, S. 155 f.

344 *Ingeborg Maus*, Über Volkssouveränität, 2011, S. 382–385.

345 Frühzeitige kontraktualistische Kritik bei *Locke* (N 9), II § 9.

346 Deutlich etwa *Joseph Raz*, The Morality of Freedom, 1986, S. 103.

347 *Frank Schorkopf*, Grundgesetz und Überstaatlichkeit, 2007, S. 116; legitimatorisch *Christoph Möllers*, Individuelle Legitimation: Wie rechtfertigen sich Gerichte?, in: A. Geis/F. Nullmeier/C. Daase (Hrsg.), Der Aufstieg der Legitimitätspolitik, 2012, S. 398 (412 f.).

348 Berechtigte Kritik bei *Andreas Paulus*, Zur Zukunft der Völkerrechtswissenschaft in Deutschland: Zwischen Konstitutionalisierung und Fragmentierung des Völkerrechts, ZaöRV 67 (2007), S. 695 (703); *Rainer Wahl*, In Defence of ›Constitution‹, in: Dobner/Loughlin (N 339), S. 220 (233).

349 Allgemein zum Spannungsverhältnis *Gerd Roellecke*, Identität und Variabilität der Verfassung, in: Depenheuer/Grabenwarter (N 6), § 13 Rn. 45.

350 Art. 16 Abs. 2 Satz 2 GG; hierzu *Christina Globke*, Die Auslieferung an den Internationalen Strafgerichtshof, 2009, S. 159 ff.; *Helmut Baier*, Die Auslieferung von Bürgern der Europäischen Union an Staaten innerhalb und außerhalb der EU, GA 2001, S. 427 ff.; *Arndt Uhle*, Auslieferung und Grundgesetz, NJW 2001, S. 1889 ff.

351 BVerfG-K, JZ 2001, 975 ff.

352 *Udo Di Fabio*, Das Recht der Weltgesellschaft, 2001, S. 51 f.

353 BVerfGE 113, 273 ff.

354 Vgl. nur *Depenheuer* (N 116), § 16 Rn. 31.

355 Dazu grundsätzlich *Frank Mayer*, Demokratieprinzip und Europäisches Strafrecht, 2009, S. 29 ff.; *ders.*, Strafrechtsgenese in Internationalen Organisationen, 2012, S. 606 ff.

356 So namentlich *Manfred Zuleeg*, Der Beitrag des Strafrechts zur europäischen Integration, JZ 1992, S. 761 ff. Der EuGH hat dies – freilich in einem rein instrumentellen Sinne – seit der Entscheidung zum griechischen Maisskandal auch getan. Vgl. EuGH, Urt. v. 21. 9. 1989, Rs. 68/88 (Kommission/Griechenland), Slg. 1989, 2965.

357 BVerfGE 123, 267 (410).

358 Stellvertretend *Braum* (N 7), S. 569 ff.; *Bernd Schünemann*, Ein Gespenst geht um in Europa – Brüsseler »Strafrechtspflege« intra muros, GA 2002, S. 501; *ders.*, Die parlamentarische Gesetzgebung als Lakai von Brüssel?, StV 2003, S. 53 ff.; *ders.*, Die Entscheidung des Bundesverfassungsgerichtes zum Europäischen Haftbefehl, StV 2005, S. 681 (683).

359 Vgl. *Höffe* (N 167), S. 105; ähnlich bereits *Hoegel*, Zur Frage der Strafrechtsannäherung, DJZ 1916, S. 1019 (1020). Die von *Kubiciel* (N 66), S. 747 f., angeführten Beispiele betreffen teils ephemere Probleme und sind teils unzutreffend gewählt. Etwa die Behauptung, dass eine Angleichung des Umweltstrafrechts auf sehr inhomogenes Umweltbewusstsein in den europäischen Gesellschaften treffe, verkennt bereits, dass das Umweltrecht zu den am engsten harmonisierten

Regelungsbereichen des Unionsrechts zählt, also für rechtliche Differenzierung nach – schlicht behaupteter – divergenter Umweltsensibilität praktisch kaum Raum verbliebe.

360 Erhellend *Michael Kubiciel*, Einheitliches europäisches Strafrecht und vergleichende Darstellung seiner Grundlagen, JZ 2015, S. 64 ff., auch zu den banalen Gründen für das Versanden; ferner *Friederike Goltsch*, Der Entwurf eines Allgemeinen Deutschen Strafgesetzbuches von 1922, 2010, S. 85 f.

361 *Franz von Liszt*, Einheitliches mitteleuropäisches Strafrecht, ZStW 38 (1917), S. 1 (2). Ferner *Graf Gleispach*, Strafrechtsvereinheitlichung in Deutschland und Oesterreich-Ungarn, DStrZ 1916, S. 107 ff.

362 Stellvertretend *Gerhard Werle/Florian Jeßberger*, Principles of International Criminal Law, 3. Aufl. (2014), S. 165 ff.

363 BVerfGE 123, 267 (358).

364 So etwa noch *Wilhelm Kahl*, Strafrechtseinheit in Oesterreich-Ungarn und im Deutschen Reich, DStrZ 1916, S. 275 (278). Zum Changieren kultureller und juristischer Begründungen siehe auch *dens.*, Die Einheitsbestrebung für mitteleuropäisches Strafrecht, JW 1917, S. 317 (321).

365 *Klaus Ferdinand Gärditz*, Europäisierung des Strafrechts und nationales Verfassungsrecht, in: Martin Böse (Hrsg.), Europäisches Strafrecht, 2013, § 6 Rn. 18 ff.

366 *Möllers* (N 173), S. 178.

367 Vgl. zu den Problemen *Stephan Bitter*, Die Sanktion im Recht der Europäischen Union, 2011, S. 115 ff.

368 BVerfGE 123, 267 (359).

369 Für eine Parallelisierung *Christoph Schönberger*, Unionsbürger, S. 272 ff.

370 Eingehend *Hörnle* (N 170), S. 1267 ff.; *Kühl* (N 272), S. 19 ff.; *Pawlik* (N 180), S. 469 ff.

371 Vgl. etwa die Diskussion über die sozialen Bedingungen von Normativität und deren Belastungsgrenzen bei *Günther Jakobs*, Feindstrafrecht? Eine Untersuchung zu den Bedingungen von Rechtlichkeit, HRRS 2006, S. 289 ff.; partiell rezipiert bei *Otto Depenheuer*, Selbstbehauptung des Rechtsstaats, 2. Auf. (2007), S. 37 ff.

372 Zur Negativbilanz statt vieler *Peter-Alexis Albrecht*, Kriminologie, 4. Aufl. (2010), S. 59 ff.; *Hendrik Schneider*, in: Hans Göppinger/Michael Bock (Hrsg.), Kriminologie, 6. Aufl. (2008), § 30 Rn. 41 ff. (insbes. 55 ff.). Für die Relevanz von Empirie aber *Hassemer* (N 72), S. 87, 95.

373 Vgl. auch *Kubiciel* (N 27), S. 51.

374 Analytisch *Uwe Volkmann*, Der Aufstieg der Verfassung, in: Vesting/Korioth/Augsberg (N 284), S. 23 (31 ff.).

375 BVerfGE 120, 224.

376 So im Kern (unter anderen epistemologischen Prämissen) die nicht unberechtigte Sorge bei *Zaczyk* (N 4), S. 693 ff.

377 Vgl. *Tunick* (N 37), S. 4; ferner *Berman* (N 51), S. 44.

378 Impulsgebend *Franz von Liszt*, Der Zweckgedanke im Strafrecht, 1882.

379 Vgl. *Kaspar* (N 263), S. 61 ff.; *Rüping* (N 8), S. 39; *Vormbaum* (N 181), S. 120.

380 *Richard Rorty*, Solidarität oder Objektivität?, 1988, S. 82 (87 ff.).

381 *Shklar* (N 9), S. 86 f.

382 Vgl. *Karl-Heinz Ladeur*, Die transsubjektive Dimension der Grundrechte, in: Vesting/Korioth/Augsberg (N 284), S. 17 (31).

Schönburger Gespräche zu Recht und Staat

Band 1 Josef Isensee: Tabu im freiheitlichen Staat

Band 2 Udo Di Fabio: Die Staatsrechtslehre und der Staat

Band 3 Paul Kirchhof: Der Staat als Garant und Gegner der Freiheit

Band 4 Gerd Roellecke: Staat und Tod

Band 5 Karl Korinek: Staat und Kunst

Band 6 Wolfgang Graf Vitzthum: Der Staat der Staatengemeinschaft

Band 7 Eckart Klein: Staat und Zeit

Band 8 Otto Depenheuer: Selbstbehauptung des Rechtsstaates

Band 9 Peter Michael Huber: Staat und Wissenschaft

Band 10 Christian Hillgruber: Staat und Religion

Band 11 Christian Waldhoff: Staat und Zwang

Band 12 Matthias Jestaedt: Die Verfassung hinter der Verfassung

Band 13 Christoph Grabenwarter: Staat und Medien

Band 14 Matthias Herdegen: Staat und Rationalität

Band 15 Bernd Grzeszick: Die Teilung der staatlichen Gewalt

Band 16 Helge Sodan: Staat und Verfassungsgerichtsbarkeit

Band 17 Bernhard Kempen: Staat und Raum

Band 18 Markus Möstl: Bundesstaat und Staatenverbund

Schönburger Gespräche zu Recht und Staat

Band 19 Stefan Haack:
Der Staat mit den geteilten Organen

Band 20 Michael Brenner: Der geheime Staat

Band 21 Sebastian Müller-Franken:
Meinungsfreiheit im freiheitlichen Staat

Band 22 Georg Lienbacher: Staat und politische Parteien

Band 23 Hans-Detlef Horn: Vom Staat der Demokratie

Band 24 Indra Spiecker gen. Döhmann:
Information und Staat

Band 25 Klaus Ferdinand Gärditz:
Staat und Strafrechtspflege

Band 26 Matthias Cornils:
Kommunikation der Internetverfassung